弁護士・終活カウンセラー
海老原佐江子
Ebihara Saeko

家族に迷惑をかけたくないあなたが認知症になる前に準備しておきたいこと

WAVE出版

はじめに

この本は、家族に迷惑をかけたくない人や、「おひとりさま」のための**終活の制度や手続きをまとめた本**です。

みなさんは「終活」と聞いて、どのように感じますか？「私にはまだ早い」「死ぬことなんてあまり考えたくない」と思う方が多いでしょう。

でも、「やらなくてはならないと思ってはいるけど、なかなか手を付けられない」という方もたくさんいるのではないでしょうか。

「人は対策ができるときには何もせず、問題を感じたときには何もできません」

私が、終活セミナーで話をするとき、必ずこの言葉を受講者の方々に送っています。

私たちは、このことに気付いているのに、気付いていないふりをしたり、明日やろうと言って、つい先延ばしにしてしまったりします。でも、終活は意外と気力と体力が必要。元気でなくなってからでは、難しくなります。

私が終活の大切さを強く意識するようになったのは、自治体に勤務する任期付職員として、全国に広がる空き家問題に関わってからです。

私が勤めていた東京都内の区役所では、放置されて老朽化した危険な空き家を、法律にしたがって取り壊すという仕事をしていました。しかし建物は個人の財産なので、役所が勝手に取り壊すことはできません。所有者が存命だったとしても調整が難しく、簡単には解決できないのです。

私が関わったケースでは、取り壊しの対象となった空き家は、屋根瓦が崩れ落ちて天井から空がのぞけるような状態でした。外壁もほとんどはがれ落ちて道路から中が丸見えです。家の中の悲惨な状態が生々しく残されていました。おまけに、家は見てはっきりとわかるくらいに傾いていて、倒壊の危険性もあり、かねてから区役所には近隣住民から多くの苦情が寄せられていました。

この空き家の所有者は高齢の女性で、すでにマンションに引っ越していました。区役所の歴代の担当職員たちは、何度もこの女性のもとに通い、空き家を修繕するか取り壊すようにお願いしてきましたが、その女性は**「どうにかしたくても、自分ではどうすることもできない」**と繰り返すばかりだったそうです。

私は、このような社会問題を解決するためにも、私たち一人ひとりが、元気なうちに自分の老後や亡くなったあとのことについて思いを馳せることが必要だと思うようになったのです。

「終活」というと、自分が亡くなったあとのことを連想して、気分が落ち込んでしまいがちです。でも、その前に、自分の今、そして老後の暮らしを豊かに過ごすためという明るい面に目を向けていただきたいのです。

実際、終活をすることで、これまでできなかった新しいことにチャレンジできたり、身近な人たちへの気持ちや接し方に変化が生じて、家族や友人などとの関係が改善されたりするなどして、これまで以上に人生を楽しめるようになった例をたくさん見てきました。

本書がみなさんの終活の〝はじめの一歩〟になるように願っています。

2021年2月

弁護士　海老原 佐江子

家族に迷惑をかけたくないあなたが
認知症になる前に準備しておきたいこと――目次

序章――認知症が心配なら終活を早めよう

第1章　お金の管理はどうする？

第2章　相続はどうする？

第3章 遺言はどうする？

第4章　死後の手続きはどうする？

STAFF
装丁・本文デザイン　大場君人
DTP　次葉
校正　東京出版サービスセンター
編集補助　藤原雅夫

序章

認知症が心配なら終活を早めよう

5人に1人以上が認知症になる!

2025年には、**65歳以上の5人に1人が認知症になる**といわれています。「5人に1人であれば、それほど多くないのでは」と思うかもしれません。しかし、これを**85～89歳の年齢層で見ると、5人に2人という2倍の数値になる**といわれているのです。

今や認知症は、誰もが発症する可能性のある身近な病気なのです。

そして高齢になると認知症に限らず、ほかの病気やケガのリスクも高まります。日本人の平均寿命は世界でもトップレベルで、2019年では、男性の平均寿命は81・41歳、女性は87・45歳です。

しかし、健康寿命（健康上の理由で制限されることなく生活できる期間）は平均寿命よりもずっと短く、２０１６年には男性72・14歳、女性74・79歳。つまり、多くの日本人は約10年間も、健康上の問題でなんらかの制限を受けながら生きていくことになるのです。

「終活」というと、家の整理や相続準備など、死後への対策をイメージするかもしれませんが、**「終活に関していちばん不安なことは？」という問いに、「認知症と介護に関すること」を挙げる方が非常に多い**のです。

誰でも自分が死んだあとのことよりも、生きている間のほうが心配ですよね。なかでも、認知症になってしまったら、自分は生活していけるのだろうか、手厚い介護を受けられるのだろうか、家族に迷惑をかけてしまうのではないか、と多くの人が心配しています。

終活について不安なことは？（複数回答）

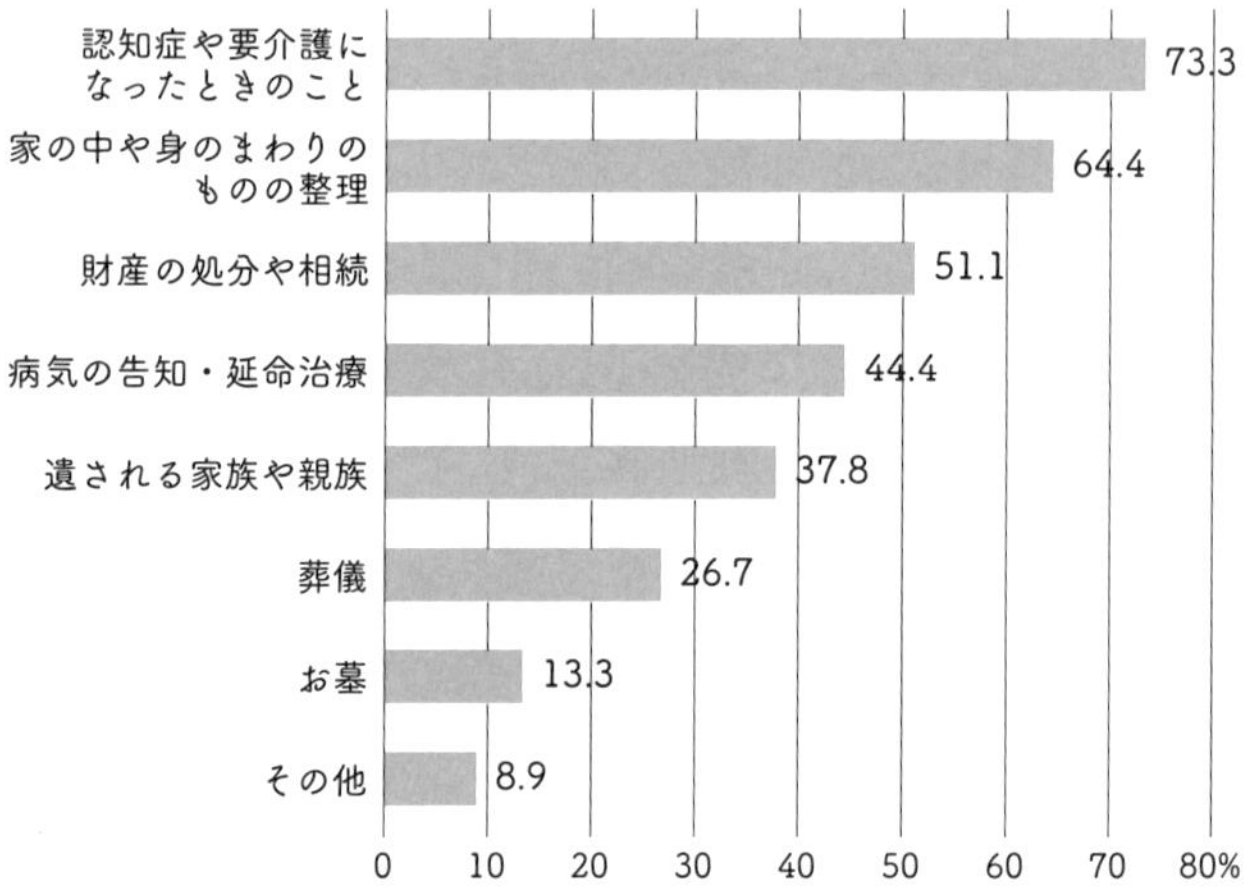

高齢に伴うみなさんの不安が認知症であるならば、実際にどういうことで困るのか、そうならないためにはどうすればいいのかを知って、上手に対応していくことが大切です。

これらのことについて具体的に見ていきながら、不安のない明るい日々を送れるようにしていきましょう。

認知症になったら普通の暮らしはできなくなる⁉

認知症になると、ものをよくなくすようになったり、さっきまでしていたことを忘れてしまったり、思い出せないことが増えてきたりします。また、年月日が不確かになったり、買いもののときのお金の計算が苦手になったりもします。

そうなると、判断力や理解力が不十分であるとして、社会生活上の取引きや契約などの財産管理行為や法律行為にさまざまな制限が出てきます。

銀行などの金融機関は、口座を持っている人が認知症だと判明すると、その口座を凍結してお金をおろせないようにしてしまうこともあります。認知症の人の口座が振り込め詐欺などに利用されないように保護するためです。

そうなると、銀行の口座にお金があるのに、それを使えなくなるので、生活に困ってしまう、ということが起こります。

また、自宅の修繕工事や、介護施設への入居などの契約を、自分でやろうとしても断られてしまう、ということにもなります。

これは、「物事を認識する能力に欠ける人が行った法律行為は無効になる（初めからなかったことになる）」からです。

契約の相手としては、トラブルを回避するために、このような対応をせざるを得ないのです。

認知症になったら自分の財産が自由に使えなくなる!?

預貯金の引き出しには、原則として本人の意思確認が必要です。

しかし認知症になると、子どもなどの家族が本人の金融機関のキャッシュカードを管理することがあります。

確かに、本人が認知症であることを金融機関に知られていなければ、代わりにATMでお金を引き出し、本人の生活費や医療費にあてることができてしまいます。

しかし定期預金になると、本人の意思確認がもっと厳格になります。例えば、介護施設の契約金を支払うために、ある程度まとまった金額の定期預金を解約して、窓口で振り込むなどの手続きをしたい場合、家族であっても、「本人が窓口に来なくてはダメです」と金融機関からストップがかかることがあります。

今後は、一時的に必要なお金が生じた場合は、家族関係が確認できて、入院や介護施設費用の請求書など、お金が必要な理由がわかる書類があれば、家族の引き出しや振り込みに応じてくれるようになるようですが、本人以外の人が継続的に預金の引き出しをすることはできません（2020年3月、一般社団法人全国銀行協会の通達）。

また、本人の家族、例えば子どもの一人が親の口座を管理する場合に、その人が不正に親の預金を引き出して自分のために使っているのではないか、と疑う親族との間でトラブルになることがあります。

そのため、預貯金を保護すべき金融機関としては、簡単に黙認しようとはしないのです。

　このような問題が生じるのは、認知症の方だけではありません。判断能力がしっかりしていても、脳梗塞の後遺症や、転倒して骨折したなどの理由で、金融機関の窓口に本人が行けなかったり、自分で委任状に字を書けなかったりする場合には、同じような不都合が起こります。

　そうなると、せっかく老後の生活のために財産を蓄えていても、自分のために使うことができず、結局、誰かに金銭面で頼らざるを得なくなってしまう、といったことが起こるのです。

「それなら、必要な費用を長男に立て替えておいてもらって、私が亡くなったあとの相続で子どもたちが清算してくれればいいのでは」と考える方もいるかもしれません。

　確かに、それがうまくいけばいいのですが、必ずしもすんなりと事が運ぶとは限りません。なぜなら、相続とは、生前の相続人の間の不公平をなくす制度ではないからです。

「寄与分」といって、亡くなった方の財産の維持や増加に特別に貢献した相続人に、ほかの相続人よりも多く財産を取得させる制度はあります（↓127頁）。しかし、親の生活費を出してあげたという程度の貢献では、寄与分は認められないかもしれません。

こうなると、残された相続人の間で、遺産をめぐってドロドロした争いが繰り広げられる、ということが起こってくるのです。

このような事態にならないように、元気なうちから「任意後見契約」（↓55頁）、「家族信託」（↓57頁）、「遺言」（↓第3章）などの準備をしておくと安心です。

家族がもめないように想いを伝えておく

終活で最も大事なことは、いざというときに備えて、元気なうちから家族などの身近な人たちと、自分の最期や死後のことについて話し合い、自分の想いを伝えておくことです。

「任意後見契約書」「遺言」「尊厳死宣言書」などは、もちろん作成しておくことに越したことはありません。

しかし、せっかくそのような準備をしていても、家族とよく話し合って自分の気持ちを共有しておかないと、「自分が知らない間に、きょうだいが親をそそのかしてこんな書面をつくらせた」「こんな遺言を残すなんて信じられない」などという言い争いが生じかねません。

反対に、家族との話し合いを十分しておけば、たとえ遺言書や契約書などの形に残っていなかったとしても、「あの人はずっとこう言っていたから」と、自分の想いに沿った動きをしてくれるかもしれません。

「そうはいっても、自分が死ぬことや病気のことなんて家族と話しにくい」と思っている人もいるかもしれませんが、なにも死んだあとのことや、病気になったときのことばかり話さなくてもいいのです。

自分が大切にしている価値観や望んでいることを、身近な人に繰り返し話しておくようにしてください。一番大切なことは、たくさん話をして自分の強い気持ちを伝えておくことです。

終活は40代に考えはじめるのがいい

私が実施した「終活に関する意識調査」では、実に8割の方が、終活に「非常に関心がある」または「関心がある」と答えています。

「非常に関心がある」と回答した割合が最も高い年代は、意外なことに40代です。しかし、以降は年代が上がるにつれ、ほんの少しずつですが関心が低くなっていきます。

40代というのは、そろそろ親の終活が気になりだす世代でしょう。親の終活を考えることが、自分自身の老後にも思いを馳せるきっかけとなっているようです。

ところが、関心はあっても、具体的な行動をとらない方が圧倒的に多いのです。

人生の終焉を考える余裕がある時期に何もしないのは、とてももったいありません。

年齢を重ねるにつれて、死について考える余裕がなくなっていくからです。

認知症になってしまうと、遺言を残すことが難しくなりますし、身体が思うように動かなくなると、身のまわりのものの整理をするのも億劫になってしまいます。

「ピンピンコロリが理想」といいますが、突然亡くなった人の遺族は何もわからず困ってしまうということもあります。

人間いつ何が起こるのかはわかりません。

「人は対策ができるときには何もせず、問題を感じたときには何もできない」とならないように、思いついた今が一番のチャンスだと思います。

終活が今とこれからの自分を豊かにする

「終活」とは、何のため、誰のためにするのでしょうか。

多くの方が「家族やまわりの人に迷惑をかけたくないから」と答えます。終活は、葬儀やお墓の準備をし、相続について事前に対策をするなど、人生の最期に向けて準備するものと考えているようです。

確かに、人は誰の世話にもならず死んでいくことはできません。とくに「おひとりさま」の場合は、「動けなくなったら、誰が面倒を見てくれるのか」「孤独死して誰も遺体を発見してくれなかったらどうしよう」「死後の後片付けや手続きは誰がしてくれるのか」などと、次々と不安が頭に浮かんでくるかもしれません。

「人に迷惑をかけないようにする」ことは、人間関係が希薄になっている現代社会では大事なことなのかもしれません。しかし私は、終活の目的をそれだけとは考えていません。


一般社団法人終活カウンセラー協会は、終活の定義を**「人生の終焉を考えることを通じて、自分を見つめ、今をより良く自分らしく生きる活動」**と定めています。

つまり、**終活の目的は「自分らしい最期を考える」ことであり、そのときまで自分らしくいきいきと生きることにある**のです。

私たちは、日々追われるように過ごしていて、人生が有限であることを意識することはありません。しかし、**人生に終わりがあることを意識することは、これからの人生をどう生きるかを考えることにつながる**のです。

あなたは、やりたいと思っているのに、つい先延ばしにしていることはありませんか？

私は20代のときに『ブエノスアイレス』という映画を観て以来、アルゼンチンの最南端の岬に行ってみたいとずっと思っていますが、なにしろ遠いので、なかなか実行に移すことができていません。

しかし、人生の時間は限られています。地球の裏側まで旅する体力が自分にいつまであるのかはわかりません。

「死ぬ準備なんてしたくない」という方も、**死ぬためにではなく、それまでの人生をどう生きるかを考えて、もっと充実した人生にしていくために、終活をする**という視点をぜひ持ってほしいのです。趣味、旅行、仲間づくり、自分史の執筆……なんでもいいのです。

終活は将来、自分や家族が困らないようにするためだけでなく、やり残しのない人生を送り、今を生きる時間を豊かにするために行うものです。

誰もが若いころは、仕事や子育てが最優先で、やりたかったことは後回しになっているのではないでしょうか。しかし、時間や気持ちなどさまざまな面で余裕が出てきた人生の後半こそ、やりたいことを楽しむチャンスです。

「人生の最期に向けて準備をすること」
「人生のエンディングを考えることを通じて自分を見つめ、今をよりよく、自分らしく生きること」

この2つの視点を持って終活を進めて、後悔のない人生を楽しんでください。

延命治療――尊厳死のことも知っておこう

今をよりよく生きるために終活をしようという話のあとですが、14頁のグラフで「延命治療」への関心も高いので、「尊厳死」について触れておきます。

今では、約8割の人が病院で亡くなっているといわれています。多くの人が終末期に医療にかかるのですが、重篤化していくと、延命治療を受けるかどうかの選択を迫られることになります。

延命治療とは、死期が迫ってきたとき、治癒の見込みがないのに、命をつなぎとめるためだけに医療を行うことをいいます。そのような措置を自分の意思で断るのが「尊厳死」です。

私が終活セミナーでこの話をすると、「自分は延命治療を望まない」「無理に生かされることなく尊厳死したい」と多くの方が言います。しかし、あらかじめ意思表示をしておかなければ、自分が望む最期は迎えられないかもしれません。

意識不明の状態で病院に運び込まれれば、その場で自分の意思を医師に伝えられないからです。また、認知症になってしまった場合にも、正常に判断して伝えることは難しくなります。

いったん延命措置が施されると、それをあとから外すのは非常に難しくなります。そのため、あらかじめ自分で「尊厳死宣言書」を書いておき、家族など身近な人にそのことを伝えておくことが大切です。

尊厳死宣言書

第1条　私○○○○は、私が将来病気に罹り、それが不治であり、かつ、死期が迫っている場合に備えて、私の家族及び私の医療に携わっている方々に以下の要望を宣言します。

1 私の疾病が現在の医学では不治の状態に陥り既に死期が迫っていると担当医を含む2名以上の医師により診断された場合には、死期を延ばすためだけの延命措置は一切行わないでください。

2 しかし、私の苦痛を和らげる処置は最大限実施してください。そのために、麻薬などの副作用により死亡時期が早まったとしても構いません。

第2条　この証書の作成に当たっては、あらかじめ私の家族である次の者の了解を得ております。

妻　○○○○　昭和　年　月　日生
長男　○○○○　昭和　年　月　日生
長女　○○○○　昭和　年　月　日生

私に前条記載の症状が発生したときは、医師も家族も私の意思に従い、私が人間としての尊厳を保った安らかな死を迎えることができるようご配慮ください。

第3条　私のこの宣言による要望を忠実に果たしてくださる方々に深く感謝申し上げます。そして、その方々が私の要望に従ってされた行為の一切の責任は、私自身にあります。警察、検察の関係者におかれましては、私の家族や医師が私の意思に沿った行動を執ったことにより、これらの方々に対する犯罪捜査や訴追の対象とすることのないよう特にお願いします。

第4条　この宣言は、私の精神が健全な状態にあるときにしたものです。したがって、私の精神が健全な状態にあるときに私自身が撤回しない限り、その効力を持続するものであることを明らかにしておきます。

以　上

住所
氏名　　　　　　　　印
生年月日　昭和　年　月　日生

注：日本公証人連合会が作成したサンプルをもとに筆者作成

尊厳死宣言書は、終末期を迎えたときに延命治療を望まないことについて事前に意思表示しておく文書です。決まった形式はありませんが、前頁のサンプルを参考にしてつくるといいと思います。

尊厳死宣言書の存在を知らされた人は、いざというときにそれを医師に見せて、本人の意思を伝えることができます。

尊厳死宣言書には法的な効力はなく、医師がそれに拘束されることはありませんが、多くの医療機関はこのような本人の意思を尊重するようにしているようです。

自分の希望をより確実なものとするために、公正証書で尊厳死宣言書をつくる人も増えています。

第1章

お金の管理はどうする？

お金の管理への不安には相談機関や制度がある

「訪問販売で不要な高額商品をすすめられるままに購入してしまった」
「福祉サービスの契約を結ぼうと思ったが、申込書がわかりにくく、サインすることに不安を感じた」
「もの忘れがひどくなって通帳や実印をどこに置いたのかわからなくなり、せっかく銀行からおろしたお金もうっかり忘れてきてしまった」
「役所から送られてくる年金や介護保険などの書類が煩雑で、手続きがよくわからない」

このように、年をとると判断能力が鈍ったり、日常生活上のお金の管理に不安を感じる場面が出てきたりします。
家族がいる人であれば、手助けをお願いすることができるでしょう。でも、「おひとりさま」や家族と離れて暮らしている場合はどうすればいいのでしょうか。

日常のお金にまつわる管理や手続き（生活費の入出金、公共料金の支払い、通帳や実印の保管、契約の締結、役所の手続きなど）は、一般社団法人、ＮＰＯ法人などの事業者のほか、弁護士や司法書士などの専門職が有料で支援するサービスをしています。このようなところに相談して、支援してもらうのもいいでしょう。
また、全国に設置されている社会福祉協議会では、高齢者の「日常生活自立支援事業」を行っているので、そこの窓口に相談してみるのもいいと思います。

これらの事業者は、認知症が進む前であれば見守りや諸手続きの支援を、認知症が進んだあとは任意後見人としてさまざまな契約や手続きを代理するサービスを行っているところが多いようです。
しかし、これらのサービスの契約は、本人にまだ判断能力があり、契約の内容を自分で理解できることが前提です。

では、認知症が進んで判断能力を失ってしまった人はどうすればいいのかというと、「成年後見制度」を利用できます。これは、精神上の障害によって判断能力が十分でない人を保護するための制度です。成年後見制度については、49頁で詳しく説明します。

「おひとりさま」は早めの対策をしよう

かつては珍しい存在だった「おひとりさま」が今、年々増加しています。

『高齢社会白書』（2020年版）によると、65歳以上でひとり暮らしの人の割合は、1980年には男性4・3％、女性11・2％でしたが、推計では2020年には、男性15・5％、女性22・4％になるとされています。

「おひとりさま」が増えたのは、生涯独身の人や離婚する人などが増えたことのほか、子ども世帯と同居しない世帯が増えたからだといわれています。子ども世帯と同居しないということは、夫婦2人で暮らしていても、どちらかが先立てば残されたほうは「おひとりさま」になってしまうということ。

そうです。実は、**かなりの割合の人が「おひとりさま予備軍」なのです。**

「おひとりさま」と聞くと、私はある知り合いの女性を思い出します。

彼女は独身をつらぬき、定年までずっと働いていました。定年後、横浜市内の新築分譲マンションを購入し、管理組合の理事や町内会の役員として活躍していました。

昔からの友人との交流もあり、「友だちと旅行に行く」と言っては出かけていく姿をよく見かけました。行動力があり社交的な人で、このような人なら「おひとりさま」で迎える老後も怖くないだろうなと思っていました。

ところが、入居して20年近く経ったころ、彼女はマンションを売却し、必要時には介護を受けられる高齢者向け施設に移りました。まだまだ心身ともに元気で、ひとり暮らしも問題なさそうだと思われたのにです。

その姿を見て私は、実に潔い生き方だと思いました。

年をとって身体が動かなくなったり、認知症になったりすると、ひとり暮らしは難しくなります。認知症が進んでくると、近所でなんらかのトラブルを起こしてしまい、遠方に住む親族に苦情の連絡が行き、あわてて親族が対応に動き出す、ということにもなりがちです。

また、いざ介護施設に入りたいと思ったときに、資金を捻出するために自宅を売却したり、定期預金を解約したり……という手続きも、認知症が進んでいるとひとりでは困難になります。

例えば、自宅を売却するには、家庭裁判所に成年後見開始の申立てをして、成年後見人を選任してもらい、その成年後見人が本人に代わって行うしかなくなってしまうのです。

もちろん、「おひとりさま」でも計画的に準備しておけば、最期まで住み慣れた自宅で過ごすことはできます。

でも、そのためには、判断能力や身体能力が衰えたとき、身のまわりの世話を誰にお願いするのか、お金の管理や日常の契約などはどうするのか、などを元気なうちに考えておく必要があります。

入念な計画なしに「最期まで自宅でひとり暮らし」を実現することは難しいのです。どのような老後の生活を望むとしても、「おひとりさま」は認知症になる前に早めの準備をお忘れなく。

先ほどの私の知り合いの女性は、判断能力がしっかりして自分で対応ができるうちに、将来のビジョンを固めて行動したわけです。

「おひとりさま」は介護施設を考えておく

自宅で自力で生活することが難しくなってきたら、介護施設への入所を検討する人は多いでしょう。ここで、代表的な2つの介護施設の特徴をおおまかに押さえておきましょう。

①特別養護老人ホーム（特養）

特養は公的な介護施設で、費用が安く人気があります。しかし、原則として「要介護3以上」の人しか利用できず、しかも順番待ちの待機者がたくさんいます。介護度が低い人や入所を急いでいる人は、民間の有料老人ホーム等を探す必要があります。

②介護老人保健施設（老健）

老健は、医療ケアが必要な人が入所できる公的な介護施設です。在宅復帰するために機能回復を図ることが目的のため、原則として3カ月間しか入所できません。そのため、「終の棲家」として考えることはできません。

これら以外にもいろいろなタイプの施設があるので、住んでいる地域の「地域包括支援センター」や「ケアマネジャー」、あるいは民間の介護施設を紹介してくれる業者に相談してみるといいでしょう。

ところで、介護施設に入所するには、当然施設と入所契約を結びます。しかし、認知症などで契約の内容を理解できない場合は、自分で入所契約を結べません。判断能力がない人との契約は無効になってしまうため、施設側としては契約できないのです。

家族がいれば、その家族の名前で契約できますが、身近に家族がいない場合は、家

介護施設の種類と特徴

	名　称	特　徴
公共型	特別養護老人ホーム（特養）	原則要介護３以上の人が入所できる
	介護老人保健施設（老健）	医療ケアが必要な人が入所できる。原則３カ月しか入居できない
	軽費老人ホーム（ケアハウス）	居宅で生活することが困難な人が入所できる
民間型	介護付有料老人ホーム	ホームの職員が介護サービスを提供する居住施設
	住宅型有料老人ホーム	介護サービス等は外部と契約して利用する居住施設
	サービス付き高齢者向け住宅（サ高住）	安否確認と生活相談サービスが付いた賃貸住宅
	認知症高齢者グループホーム	認知症の高齢者が介護を受けながら共同生活する施設

庭裁判所に「成年後見」の開始を申し立て、選任された「成年後見人」が本人に代わって入所契約をします。

また、介護施設に入所するときは、施設から「身元保証人」を求められることがあります。身元保証人は、利用料の支払いが滞ったときに本人に代わってお金を払ったり、本人が問題を起こしたときに施設から連絡を受けて対応したり、本人の遺体や荷物の引き取りなどを依頼されたりする人です。

なかには、身元保証人をお願いできる人がいないことを理由に、介護施設への入居をあきらめる人もいるようですが、そのような場合は、「身元保証契約」を利用することもできます（↓47頁）。ただ、多くの介護施設では、成年後見人が付いていれば身元保証人がいなくても入所を認めているようです。

成年後見人は施設からの連絡などに対応してくれますが、身元保証人として本人の支払いを保証することはできません。

「おひとりさま」を支えるサービス

「認知症はそれほど進んでいないが、日常生活に不安を感じるようになってきた」

「判断能力は問題ないが、身体が衰えてきて外出や字を書くことが難しくなってきた」

このような場合には、次のような高齢者サポートサービスが用意されています。

①「見守り契約」で不安・不自由がなくなる

日常生活の不安や不自由の声に応えて、定期的な自宅訪問、電話などでの安否確認をはじめ、暮らしの困りごとの相談にのってくれるサービスです。認知症の進行などの兆候が見られたときには、病院の受診をすすめてくれたり、後見制度の利用につなげてくれたりします。

配食サービスや、送迎付きのデイサービスも、安否確認の役割を果たしてくれます。実際に、普段利用していたデイサービスの送迎担当の職員が、本人が呼び鈴に応じないことで異常に気付き、警察に通報してくれたおかげで一命をとりとめたというケースもあります。生活の見守りと同時に孤独死を防ぐシステムでもあります。

このように、ひとり暮らしの場合は、定期的に人が訪れる状況をつくっておくことが大切です。

②「財産管理等委任契約」で代行してもらえる

通帳や実印などの大事な物を預かって管理してもらったり、公共料金や家賃などの支払いを代行してもらったりする契約です。また、本人の代理人として、施設の入所契約を行ったり、役所のさまざまな手続きもお願いできます。

具体的にどのようなことを依頼するかは、本人と事業者との間で話し合って決めます。

ただし、金融機関等のなかには、取引きの内容によっては財産管理等委任契約による代理人による手続きを認めないところもあり、本人の同行を求められたり、電話で本人の意思確認をさせてほしいといわれたりします。

③「身元保証契約」で介護施設を利用できる

有償で、医療機関や介護施設に入るときの費用の支払いを保証してくれたり、緊急時の連絡先になってくれたりする契約です。

介護施設への入所時に本人以外の署名を求めている施設は95・9％を超えています。ほとんどの介護施設は身元保証人を立てることを求めているのです。しかし、厚生労働省は、「法令に身元保証人を求める規定はなく、身元保証人がいないからといって施設に入居できないということはない」と説明しています。「おひとりさま」などの事情で困っている場合は本当に身元保証人が必要かどうか、施設によく確認しましょう。

これらのような高齢者サポートサービスは、一般社団法人、ＮＰＯ法人などの事業者のほか、弁護士、司法書士などの専門職や、社会福祉協議会などが提供している場合もあります。実施主体によってサービスの内容はさまざまなので、契約を結ぶ前によく確認してください。

「財産管理もお願いしたくて契約したのに、実際の契約内容は身元保証だけになっていて、契約したあとで『これは契約内容に含まれていないのでできません』と言われてトラブルになった」

「サービスを1回利用するごとに費用がかかるのか、それとも毎月定額の手数料がかかるのかを理解しないで契約し、総額で想定以上の費用がかかってしまった」

というようなトラブルも起きがちです。注意してください。

「成年後見制度」を利用する

「**成年後見制度**」は、認知症などで判断能力が低下した人たちが、自分の意思で物事を決定することを尊重されながら生活できるように、とつくられた制度です。

成年後見人は、家庭裁判所が選任し、本人の財産管理と身上監護（身のまわりの法律行為）をします。

サポートを受ける本人を「成年被後見人」、本人のために業務を行う人を「成年後見人」といいます。

成年後見人を付けるには、認知症などのために判断能力が欠如している状態でなければなりません。その判断能力の有無は医師の診断書などで判断します。本人がしっかりしていると判断されれば、成年後見人を付けることはできないのです。

ただし、成年後見制度では52頁の表のとおり、判断能力のレベルによって必要な保護が受けられます。

判断能力が完全に失われている場合には「後見人」、著しく不十分な場合には「保佐人」、不十分な場合には「補助人」を付けてもらえます。

①「成年後見人」に何をお願いできるか

第一に、成年後見人には、本人の通帳など重要な書類を預かって管理し、介護施設や医療機関の費用の支払い、家賃や地代の支払い、水道光熱費など公共料金の支払いをしてもらえます。

本人が不動産を所有していれば、その状態を定期的に確認して修繕などを行い、不動産が賃貸されていれば、賃料や地代の回収も行います。

また、役所などから届く重要な書類を受け取り、本人に代わってさまざまな手続きや申請を行います。

第二に、成年後見人は、本人の代理権を得て、本人に代わって契約をします。もし、本人の生活費が足りなくなれば、本人が所有する不動産を売って生活資金にすることもあります。

また、本人が不要な高額商品を買ってしまったり、不利な条件で大切な財産を処分してしまったりしたような場合は、後見人が取り消すこともできます。

ただし、本人がスーパーで食べきれない量の食品を買ってしまったなど、日常生活の買い物については取り消せません。

第三に、見守りや身上監護をします。成年後見人は定期的に本人に会い、本人を見守ったり、本人の暮らしや介護、療養などの身のまわりにおいて、契約をしたり、手続きを代行します。見守りといっても、自ら介護をする義務はなく、介護が必要と判

成定後見制度の類型

類型	判断能力の程度	本人の状態の例
後見	判断能力が欠如した状態	家族の名前や自分の住所がわからない状態。1人で日常的なことをするのも難しい状態
保佐	判断能力が著しく不十分な状態	日常的なことは自分でできても、重要な財産の管理はできない状態
補助	判断能力が不十分な状態	財産管理を自分で行うことはできるが、1人で行うのには不安がある状態

断したときには、介護サービスを契約したり、介護施設の入所契約をしたりして対応します。

なお、成年後見人は、本人に代わって手術の実施に同意したり、延命措置を行うかどうかを決めたりすることはできません。

成年後見人は、とくに「おひとりさま」にとっては、頼れる存在になることは間違いありません。

家族がいる人でも、身内の一人が本人の財産を管理することによって親族間のトラブルが生じるおそれがある場合には、弁護士などの専門職が成年後見人になることで紛争予防になります。

②「成年後見制度」を利用するには

成年後見制度を利用したいときは、申立書を家庭裁判所に提出します。申立てができる人は、本人、配偶者、４親等内の親族等に限られます。申立てに協力してくれる親族がいない場合は、市町村長や検察官が申立てをすることになりますが、弁護士などの専門職に書類の作成と裁判所との連絡調整を依頼して本人が申立てをしてもいいでしょう。

次に、後見人になってほしい人として、身内の氏名を書くこともできますが、裁判所はこの記載に拘束されないため、まったく面識のない専門職を選任することがあります。それは、親族間の紛争が予測されるような場合などです。

さらに、身内が成年後見人に選任された場合には、その成年後見人を監督する「成年後見監督人」が選任される確率が高くなります。成年後見監督人には専門職などが選任されます。

成年後見人や成年後見監督人に専門職などの第三者が付いた場合は、裁判所が本人の資産や収入を勘案して適切な報酬を定め、本人の財産からそれを支払います。

「任意後見制度」を利用する

「任意後見制度」とは、本人に判断能力が十分あるうちに、本人が後見人になる人と「任意後見契約」を締結しておく制度です。

成年後見制度では、誰が後見人になるのかを裁判所が決めますが、任意後見制度では、本人が家族や知り合いの専門職などの中から決めます。この２つの制度を、それぞれ「法定後見」「任意後見」といいます。

任意後見契約は、本人がしっかりしているうちは効力を生じませんが、本人の認知症が進んで判断能力が低下すると、親族や任意後見契約を結んだ相手などの請求によって裁判所が「任意後見監督人」を選任し、後見が開始します。そのあとは、任意後見人が本人の財産管理と身上監護（身のまわりの法律行為）をすることになります。任意後見監督人は任意後見人の業務を監督し、裁判所に定期的に報告します。

法定後見では、裁判所が成年後見人や成年後見監督人の報酬の額を決めますが、任意後見では、任意後見人の報酬は本人と話し合って決め、任意後見監督人の報酬は裁判所が決めます。

任意後見契約は、認知症になる前に結ぶので、本人が判断能力がしっかりしたまま亡くなれば、契約は発効せずに終了します。

なお、任意後見契約は公正証書によってしなくてはなりません。

任意後見は、自分が信頼する人に確実に後見人になってもらえるので、法定後見よりも本人の意思を反映させやすい制度です。

「家族信託」にはいくつもの効果がある

最近、**「家族信託」**という財産管理の制度に注目が集まっています。後見制度に比べると、少し複雑で難しい仕組みなので、丁寧に見ていきましょう。

まず、家族信託には「委託者」「受託者」「受益者」の3人が登場します。文字どおり「委託者」は業務を託す人（本人）、「受託者」は業務を託される人（子どもなど）、「受益者」は利益を受ける人（本人や配偶者など）です。この3人の関係が家族信託の基本になります。この当事者を同一人が兼ねることもできます。例えば、委託者と受益者を同一人とすることも認められています。

ケース①　アパート管理

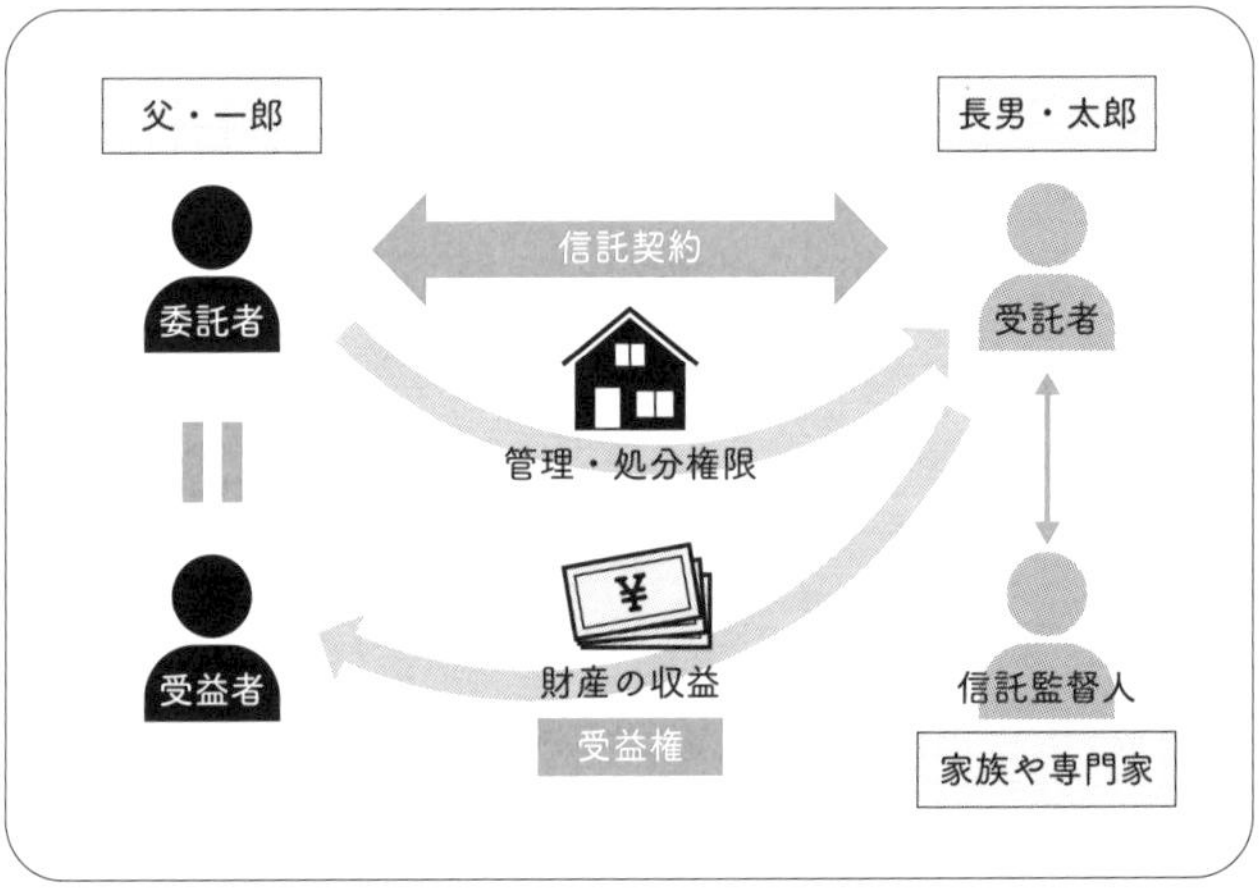

ケース①　アパート管理

父・一郎さんは賃貸アパートを所有していますが、最近、自分でアパートを経営することが難しいと感じるようになってきました。そこで、アパートを長男・太郎さんに信託し、太郎さんはアパートを管理・処分したり、第三者に賃貸して賃料を受領する。そして受領した賃料や売却代金などの収益を受益者である一郎さんに渡すなどの事務手続きを行うという内容の信託契約を結びました。

このようにしておくと、将来、認知症

などで一郎さんの判断能力が衰えても、太郎さんが一郎さんに代わってアパートを管理することができるし、一郎さんが有料老人ホームに入居する資金を捻出するために、太郎さんがアパートを売却することもできます。

家族信託には、認知症になる前の「財産管理等委任契約」と、認知症後に備える「任意後見契約」を一緒に結ぶのと同じ効果があるのです。

ケース②　遺言の代用

家族信託は、「遺言」の代用にもなるという特徴があります。しかも、遺言では、指定することができるのは直接、財産を渡す相手だけで、そのあとのことまでは触れることができません。しかし、**家族信託であれば遺言と異なり、何段階も先の遺産の承継者を指定することができます**。

貞夫さんは、自分が亡くなったあと、先祖から受け継いだ土地と、その土地に建てた建物に認知症の妻・和子さんを住まわせたいと思っています。

ケース②　遺言の代用

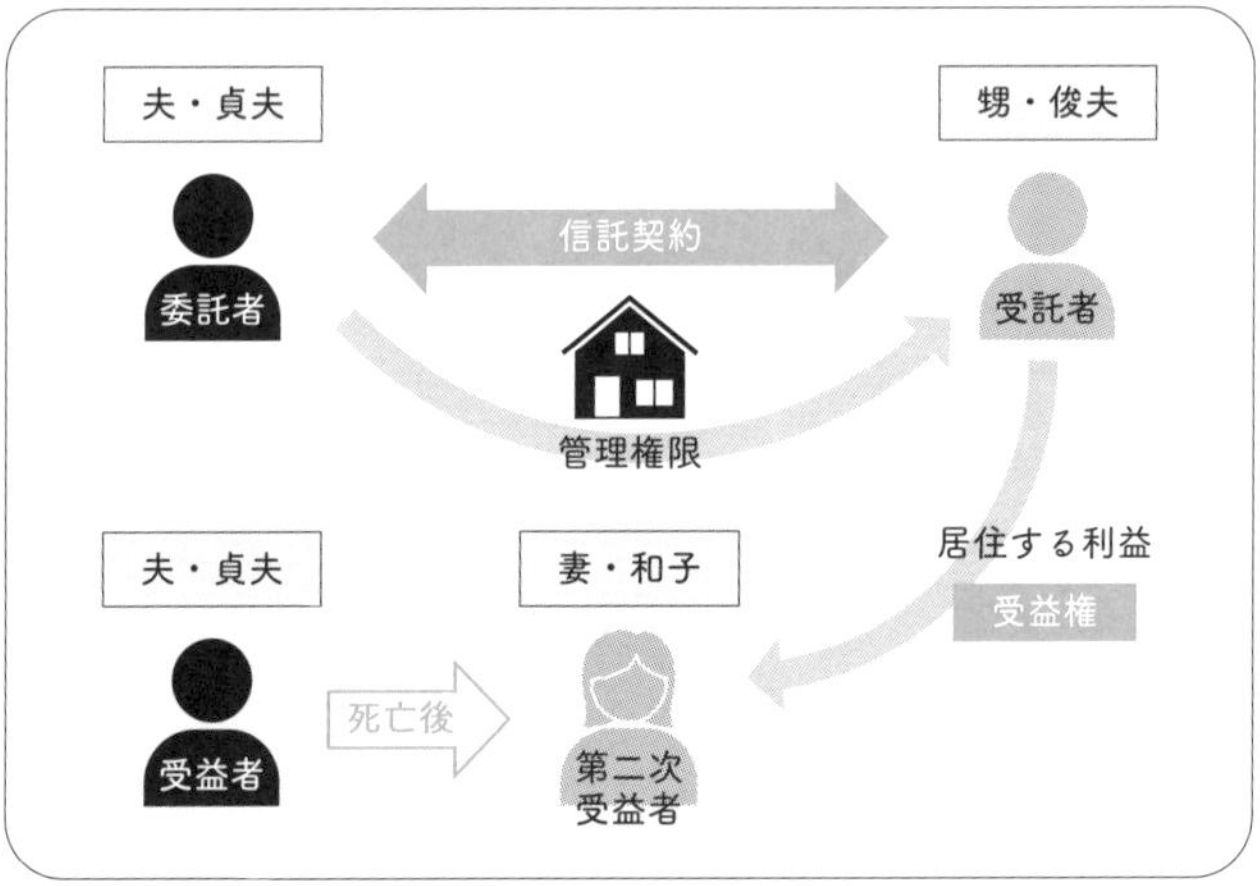

しかし夫婦には子どもがいないため、和子さんにこれらの不動産を相続させると、和子さんが亡くなったあと、不動産は和子さんの相続人である和子さんの兄弟姉妹の手に渡ってしまいます。

そのため貞夫さんは、和子さんの死後は、自分の弟の子（甥）・俊夫さんに確実に不動産を残したいと思っています。

そこで貞夫さんは、俊夫さんに不動産を信託して管理させ、貞夫さんの存命中は自分を受益者とし、貞夫さんの死亡後は和子さんを受益者として不動産を使用させ、和子さんの死亡後は、不動産は俊夫さんに帰属するという信託契約を結びました。

このように、家族信託は柔軟に設計できるのです。ただし、家族信託は「契約」ですから、認知症と診断されると利用できません。つまり、本人の判断能力がしっかりしているうちに計画を進めないと手遅れになります。

また、家族信託の受託者は、家族、親族、信頼できる友人・知人などにお願いする必要があります。

身近に受託者を頼める人がいない場合は、信託会社を利用する必要があります。

なお、信託業法上、信託業は免許または登録を受けた人でなければ営めません。ですから弁護士や司法書士などの専門職が受託者になることはできません。

「後見制度」と「家族信託」はどこが違うのか

「後見制度」（法定後見・任意後見）も「家族信託」も、判断能力が衰えたあとの本人の財産管理を助ける制度です。そのどちらを使えばよいのか迷う人もいるでしょう。そこで、これらの主な違いについて説明します。

①判断能力は関係するのか

すでに本人の判断能力の衰えが相当進んでしまっていると、「任意後見契約」や「信託契約」は結べないので、「法定後見」を利用するしかありません。

一方、「後見制度」は、本人の判断能力に問題がない時点では利用できませんが、

「家族信託」であれば本人がしっかりしている時点でも利用できます。

②身上監護（身のまわりの法律行為）が含まれるか

「家族信託」は、あくまで財産管理のための制度です。そのため、例えば、本人の介護施設の入所契約を、信託を使って結ぶことはできません。本人の身上監護が必要なときは、「後見制度」を利用してください。

③財産管理者を自分で選べるか

「法定後見」では、裁判所が成年後見人を選任するため、本人が「この人に後見人をお願いしたい」と思っても認めてもらえないことがあります。それに対して、「任意後見」と「家族信託」では、本人が契約の相手を選ぶことができます。

④相続税対策や投資ができるか

「後見制度」では、本人の財産を増やす目的でも、不動産や株式などに投資して運用することは認められません。また、相続税対策のため、収益物件を購入するなどの行為も認められません。なぜなら、後見制度は本人の財産を守るための制度だからです。

しかし、「家族信託」にはそのような制約はなく、受託者の権限内であれば、投資や相続税対策もできます。そのため、資産運用や相続税対策が必要な人は「家族信託」を選べばいいのです。

⑤訪問販売に対処できるか

「法定後見」では、本人が悪質な訪問販売にひっかかって不要な高額商品を購入したなどの場合に、成年後見人が取り消せます。しかし、「任意後見人」や「家族信託の受託者」には取消権がありません。

⑥費用はどのくらい差が出るか

「法定後見」では、成年後見人への報酬は裁判所が金額を決定します。専門職が後見人に選任された場合は、本人の財産の額などに応じて月2～5万円の報酬がかかります。成年後見人が遺産分割や不動産の売却などをした場合には、それに応じた報酬も必要です。

家族や親族が成年後見人に選任された場合は、無報酬でもかまいませんが、成年後見監督人が選任されると月1～3万円（金額は裁判所が決定します）がかかり、これらはすべて、本人の財産から支払われます。

一方、「任意後見」では、報酬は任意後見契約の中で自由に決めることができます。家族や親族が任意後見人になる場合は無報酬でもかまいません。しかし、任意後見の場合、任意後見監督人が必ず選任され、月1～3万円（金額は裁判所が決定します）がかかります。

「家族信託」の場合も、報酬は信託契約の中で自由に決めることができます。受託者が家族や親族のときは無報酬でもかまいませんが、61頁にあるように信託会社に依頼すれば、その会社の規定の報酬額が必要になります。

また、受託者の業務内容を監督する「信託監督人」を専門職などに依頼する場合も、その報酬額は信託契約の中で定めます。

⑦裁判所の監督はあるのか

「法定後見」では、家庭裁判所が成年後見人の監督に関わります。

成年後見人は年に1回、報告書を裁判所に提出し、裁判所はその内容を確認します。また、自宅不動産の処分など重要な行為には裁判所の許可が必要で、成年後見人は必要に応じて裁判所に連絡・報告をしながら業務を進めます。

「任意後見」の場合は、任意後見監督人が必ず付いて任意後見人を監督します。任意後見監督人は、任意後見人の業務の状況を裁判所に定期的に報告します。

後見制度と家族信託の違い

	後見制度	家族信託
身上監護（身のまわりの法律行為）	できる	できない（財産管理だけ）
投資・相続税対策	原則できない	できる
裁判所の監督	服する	服さない
報　酬	成年後見人、成年後見監督人の報酬は裁判所が定める。任意後見人の報酬は任意後見契約で定める（定めがなければ無報酬）。任意後見監督人の報酬は裁判所が定める	信託契約の中で定める（定めがなければ無報酬）

しかし、「家族信託」には裁判所が関与する仕組みはありません。信託契約の中で、信託監督人を置くかどうかも、当事者が自由に決めることになります。したがって、裁判所が関与しない分、不正行為が行われるリスクや、家族や親族間での争いが起こる可能性が高まります。

家族信託を利用する場合には、信頼できる家族を受託者にする場合でも、信託監督人として客観的な第三者である専門職を置くことをおすすめします。

高齢者にとって、生活に関する身近な相談先は、住んでいる地域の市役所や区役所などの窓口でしょう。

このような期待に応えて、終活の支援に取り組む自治体が増えてきています。エンディングノートを無償で配布したり、終活セミナーを実施したりしている自治体は少なくありません。自治体だけでなく、社会福祉協議会でも終活に関するサービスが行われています。

さらに踏み込んだ終活サービスを提供する自治体も現れています。

神奈川県横須賀市は、「わたしの終活登録事業」といって、終活に関する本人の意向などの情報を事前に登録し、万一のとき、関係機関や本人が指定した親族などに情報を伝えるサービスを実施しています。

また、身寄りのないひとり暮らしで収入や資産が一定以下の人を対象とする「エンディングプラン・サポート事業」では、市が相談窓口となって協力葬儀社を紹介し、協力葬儀社が本人との契約に基づき、本人が亡くなったあとに葬儀や納骨などを行います。

このような本格的な終活支援サービスを行っている自治体はまだ少数ですが、最近は全国でこのようなサービスが広がってきています。

終活が必要だと思っても、何から始めればよいのかわからない方は、まずはお住まいの自治体や社会福祉協議会の窓口を訪ねてみると、いい情報が得られるかもしれません。

第2章

相続は
どうする？

相続財産は、どこからどこまでをいうのか

相続の対象となる財産（相続財産）にはどのようなものが含まれるのでしょうか。相続財産とは、相続によって引き継がれる、亡くなった人の権利・義務のことです。一般的には、土地、建物などの不動産、現金、預貯金、有価証券、宝石、美術品などが思い浮かぶでしょう。

しかし、財産は形のあるものに限られません。例えば、亡くなった人が誰かにお金を貸していた場合、お金を返してもらう権利（債権）も相続財産になります。著作権や特許権なども相続財産に含まれます。

また、相続財産はプラスの財産だけに限らず、借金などマイナスの財産も含まれるので、相続人は原則、プラスの財産もマイナスの財産も引き継ぎます。残念なことに、「プラスの財産はいただきますが、マイナスの財産は遠慮しておきます」という希望は聞いてもらえません。

相続の手続きをするとなったら、まず、故人がどのような財産を持っていたのかを調べなければなりません。家族は故人がどのような財産を持っているのかを意外と把握していないものです。ましてや、離れて暮らしていればなおさらです。

ここでは、財産の調査はどのように進められるのか、確認していきましょう。

まず、故人の自宅や自室で、預金通帳、不動産関係書類、契約書などの重要書類を調べます。これらを貸金庫に預けている人もいますが、多くの人は、自宅の金庫やタンスの中など、１つの場所にまとめてしまい込んでいます。

また、金融機関や証券会社から送られてくる手紙やハガキから財産が判明することもあります。銀行から取引明細書や「満期日のお知らせ」などの通知が送られてきていたら、その銀行と取引きがあるということです。故人宛てに送られてくる郵便物を数カ月間、チェックします。

なお、故人が生前に利用していたと思われる金融機関には、相続人が調査依頼をすれば、取引きの有無を教えてくれます。

金融機関口座の通帳の出入金もチェックします。ローンの返済などが口座から引き落とされていたら、債務があることが推測できます。

もし、故人の財産に不動産があれば、法務局から登記事項証明書を取り寄せます。所有する土地や建物に抵当権がついていたら、抵当権者となっている金融機関等に借入金があったり、預金口座があったりする可能性があります。

相続財産となるもの

プラスの財産

・不動産（土地、建物）
・不動産上の権利（借地権、地上権等）
・預貯金　・現金　・債権（貸付金、売掛金等）
・株式などの有価証券　・ゴルフ会員権　・純金積立
・著作権、特許権等　・過払金請求権
・動産（自動車、宝石、美術品、骨董品等）　など

マイナスの財産

・借金　・買掛金　・未払家賃　・未払いの公租公課
・未払いの医療費　・保証債務　など

ネット証券の株式、ネット銀行の預金、ＦＸや商品先物取引、仮想通貨などにはとくに注意が必要です。インターネット上の取引きの場合、通帳などの現物がありません。また、手紙やハガキの代わりに、メールやアプリの通知でお知らせが届くものもあり、本人以外の人がその財産の存在を知るのはとても困難です。

とくにリスクを伴う商品をインターネット上で運用しているような場合は、相続人が知らない間に多額の損失を被ってしまったり、反対に価格の高騰によって多額の相続税を申告漏れしてし

まったりすることもあります。
これらの取引きをしている人は、必ずどこで何の取引きをしているのかを、残された家族にわかるようにしておきましょう。

残された家族が、このような財産を調べるのは大変な手間で、相続人全員が集まって一斉にできるのならまだいいのですが、なかなかそういうこともできません。
一部の相続人が財産を調べていると、「財産を隠したのではないか」などとほかの相続人からあらぬ疑いをかけられ、トラブルになることもあります。

このような手間や争いを避けるためにも、元気なうちに自分で財産を整理して、財産目録をつくっておきましょう。

誰が相続人になるのか

相続とは、ある人が亡くなったときに、その人の財産を、配偶者や子どもなどが引き継ぐことをいいます。亡くなった人のことを「**被相続人**」、民法で定められた相続する権利を持つ人のことを「**法定相続人**」、実際に財産を受ける人のことを「**相続人**」といいます。

それでは、法定相続人の範囲と順位について説明していきましょう。付録に白紙の相続関係図を添付しますので、ぜひ、読みながらあなたの相続関係を書き込んでいってみてください。

まず、亡くなった人に配偶者（法律上の婚姻関係にある夫・妻）がいれば、**配偶者は必ず相続人になります**。ただし、本人より先に亡くなった配偶者やすでに離婚した配偶者は相続人にはなりません。

次に、**子どもは〈第1順位〉**の相続人になります。すでに離婚した配偶者との間に生まれた子、養子、認知した婚外子（婚姻関係のない男女の間に生まれた子）も同等の相続人になります。

子どもがすでに亡くなっていて、その子ども（自分にとっての孫）がいる場合には孫が、さらに孫も亡くなっていればひ孫が相続人になります。これを「**代襲相続**」といいます。

自分の親（父・母）は〈第2順位〉の相続人です。親がすでに亡くなっていて、その親（自分にとっての祖父・祖母）が健在の場合は、祖父・祖母が相続人になります。

最後に、**兄弟姉妹は〈第３順位〉**の相続人です。兄弟姉妹が亡くなっていて、その子ども（自分にとっての甥・姪）がいる場合は、その甥・姪が代襲相続します。ただし、甥・姪が先に亡くなっていても甥・姪の子どもは相続人にはなりません。

さて、ここに〈順位〉という言葉が出てきました。これは相続人になる順番のことです。配偶者がいれば常に相続人になり、〈第2順位〉〈第3順位〉の人たちは、先の順位に該当する人たちがいない場合に限って相続人になります。

つまり、自分に子ども〈第1順位〉がいれば子どもが相続人になりますが、その場合には父母〈第2順位〉や兄弟姉妹〈第3順位〉は相続人になりません。

子どもがいなくて父母が健在なら、父母が相続人になりますが、この場合には兄弟姉妹は相続人になりません。

最後に、子どもも父母もいない場合に兄弟姉妹が相続人になります。

また、自分に配偶者と子どもがいる場合は、配偶者と子どもが相続人になります。配偶者がすでに死別、離別していて子どもがいる場合は、子どもだけが相続人になります。

配偶者がいて子どもがいない場合は配偶者と自分の親が、この場合に親がすでに亡くなっていたら、配偶者と自分の兄弟姉妹が相続人になります。

このように、誰が相続人になるのかはさまざまなパターンがあります。次に説明しますが、どのパターンに該当するかによって、「法定相続分」という遺産を受け取れる割合も変わってきます。

財産を誰にどれだけ分けるのか

民法には、法定相続人それぞれが遺産を受け取れる割合が定められています。これが「**法定相続分**」です。

ただし、法定相続分は遺産の分配の目安にすぎず、必ずしも法定相続分どおりに遺産を分けなければならないというわけではありません。相続人全員が合意すれば、法定相続分と異なる割合で相続することもできます。

①配偶者と子どもがいる場合

配偶者は遺産の2分の1を相続します。子どもは〈第1順位〉の相続人なので、子どもたち全員で遺産の2分の1を相続します。子どもが2人いれば、それぞれ4分の

1ずつ、3人いれば6分の1ずつになります。

配偶者がすでに死別、離別していて子どもがいる場合は、子どもがすべての遺産を相続します。この場合に子どもが2人いればそれぞれ2分の1ずつ、3人いればそれぞれ3分の1ずつ相続することになります。

②配偶者はいるが子どもはなく親が存命の場合

配偶者は遺産の3分の2を相続します。〈第1順位〉の子どもがいないので〈第2順位〉の親が相続人になり、遺産の3分の1を相続します。両親ともに健在の場合は、父親、母親がそれぞれ6分の1です。両親のどちらか一方が先に亡くなっている場合は、生存している親が遺産の3分の1を相続します。

法定相続分の分け方

①配偶者と子あり

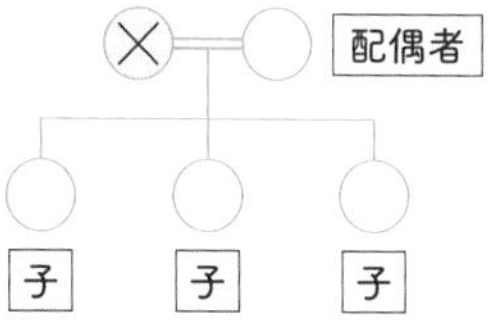

配偶者＝1/2
＜第１順位＞子ども＝1/2
※３人の場合はそれぞれ1/6ずつ相続

②配偶者あり／子なし／親存命

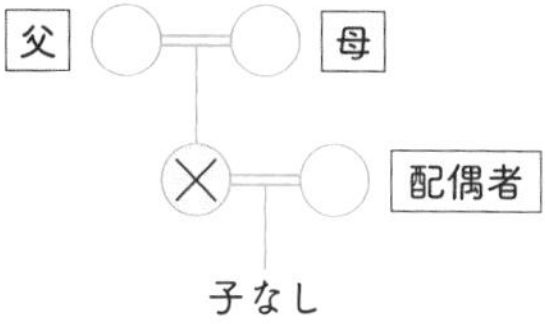

配偶者＝2/3
＜第２順位＞両親＝1/3
※両親ともに存命なら1/6ずつ相続

③配偶者あり／子なし／親死亡／兄弟姉妹あり

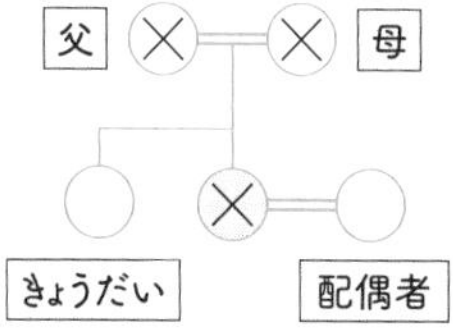

配偶者＝3/4
＜第３順位＞きょうだい＝1/4
※２人の場合はそれぞれ1/8ずつ相続

④兄弟姉妹が亡くなり、その子（甥・姪）あり

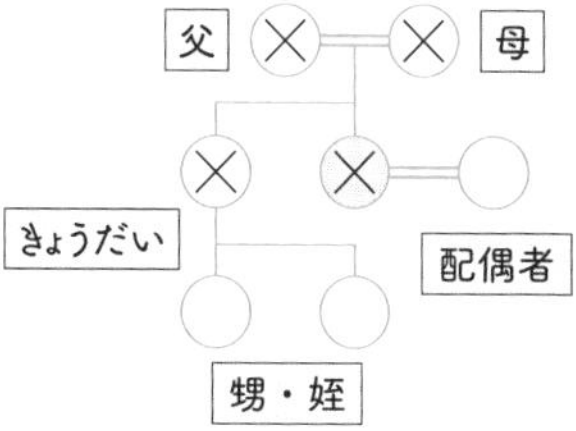

配偶者＝3/4
甥・姪＝1/4
※甥姪各1人なら1/8ずつ相続

※⊗は被相続人

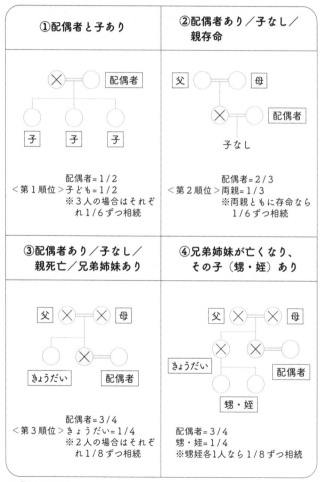

③配偶者はいるが子どもはなく、両親は他界していて兄弟姉妹がいる場合

配偶者は遺産の4分の3を相続します。〈第1順位〉と〈第2順位〉がいないので〈第3順位〉の兄弟姉妹が相続人になり、兄弟姉妹全員で遺産の4分の1を相続します。この場合もやはり、兄弟姉妹が2人いたらそれぞれ8分の1ずつ、3人いたら12分の1ずつとなります。

なお、この場合に、兄弟姉妹が亡くなっていて、その子ども（本人にとっての甥・姪）がいるというパターンもよくあります。このような場合は、亡くなった兄弟姉妹の代わりに甥・姪が相続します。

例えば、亡くなった本人には配偶者はいて、子どもはなく、両親も他界していて、兄と弟がいたけれど兄が本人より先に亡くなっており、その兄の子どもが2人いる、というケースを考えてみます。この場合は配偶者が4分の3、弟が8分の1、兄の子どもがそれぞれ16分の1ずつとなります。

④配偶者はいるが、子ども（孫）も親（祖父・祖母）も兄弟姉妹（甥・姪）もいない場合

配偶者が遺産のすべてを相続することになります。

このように、法定相続人は、ある限定された範囲の親族がなります。なかには、法定相続人ではなく、お世話になった他人や団体に遺産を渡したい、という人がいるかもしれません。

このような希望を実現するためには、第３章で詳しく説明する「遺言書」を作成する必要があります。

配偶者、子どもがなく、両親も兄弟姉妹も他界しているような場合、交流がほとんどなく顔もよく知らない甥・姪が、遺産を棚ぼた的に取得するケースがあります。こういう人を「笑う相続人」と呼びます。これを防ぐには、きちんと遺言書をつくっておくことです。

財産をどのように分けたらいいのか

財産をあの世まで持って行くことはできません。そのため、亡くなったあとは自分の財産や負債を誰かに引き継いでもらう必要があります。この引き継ぎ方には、大きく次の2つの方法があります。

①遺言で、生きている間に自分で決めておく方法
②自分では決めずに、残された人たちに任せる方法

亡くなった人が遺言を残していればそのとおりに、遺言がない場合には相続人が話し合って分配を決めます。

ここでは②の方法について見ていきましょう。

遺言を残さずに亡くなると、その人が所有していた財産は、亡くなった瞬間に法定相続人に引き継がれます。法定相続人が、その人が亡くなった事実を知っているか否かにかかわらずです。

遺産は、現金や預貯金のように割り算をして分けられるものばかりではありません。そのため、遺産分割の話し合いでは、「自宅は妻が、賃貸アパートは長男が、預貯金と株式は長女が相続する」というように、相続人がそれぞれどの財産を取得するかを決めます（**現物分割**）。

土地を分筆して複数の相続人が取得することもあります。もちろん、相続人のうち誰か一人がすべての遺産を相続するという合意をしてもかまいません。

しかし、現物での分割には不公平が生じることが多々あります。納得できない相続人がいる場合は、話し合いで財産の評価額を決めて、「相続人の一人がこの財産を取得する代わりに、ほかの相続人に代償金〇〇万円を支払う」という解決方法がとられることになります（**代償分割**）。

それでも決着できない場合は、不動産などを複数の相続人の共有状態のままにする例もあります。しかし、売却したいときに反対する共有者がいると売却できないなど、共有はのちの管理や処分のときにもめる原因になるので、避けたほうがいいでしょう。

遺産分割の話し合いが終わると、各相続人は、亡くなった時点に遡ってそれぞれ財産を取得することになります。

遺産分割の話し合いは難航することが多々あります。相続人どうしで決められなければ、家庭裁判所での調停、審判に進むことになります。

私が知っているケースでは、母親の死後、子どもたちが遺産をめぐって争い、調停の申立てと取下げを繰り返し、20年近くも争い続けている家族がいました。長い間、相続人どうしで争っていると、相続人自身が年齢を重ね、やれ「病気になった」とか、「配偶者が亡くなった」などと言い出すようになります。そして決着がつかないまま相続人も亡くなり、新たな相続人として子どもたちが登場し、やがて孫が登場する、ということもあり得るのです。

そうならないように、ぜひ検討していただきたいのが「遺言書」の作成です。遺言については第3章で詳しく説明します。

なお、負債についても、遺言または相続人の話し合いによって特定の相続人に引き継がせることができます。

ただし、それを債権者（お金を貸していた人や、ものやサービスなどの代金を支払ってもらう権利のある人）に対して主張することはできません。債権者が法定相続分に応じた借金の返済を求めてきたら、相続人は支払いに応じざるを得ません。

この場合、支払いをした相続人は、負債を負担すべき相続人に対し、支払った分の返還を求めることができます。

「遺贈」と「贈与」はどう違うのか

相続の方法には、亡くなった人が遺言で自分の財産をほかの人に引き継いでもらう「遺贈」や、相続人たちが話し合って誰がどの財産を引き継ぐかを決める「遺産分割」がありますが、より確実に財産を引き継ぎたい場合は「贈与」を考えてみてもいいかもしれません。

まず「**遺贈**」は、引き継いでもらう相手が法定相続人であるか否かにかかわらず、遺言によって行います。

遺贈は贈与と違って、亡くなった人が一方的に行うもので、財産を渡す人と受け継ぐ人の間に合意はありません。そのため、遺贈を受ける人から財産の引き継ぎを断られることもあります（**遺贈の放棄**）。

「利用するあてのない土地をもらっても、管理が面倒なだけなのでいりません」という人も結構いるのです。

一方、「**贈与**」は贈与する人の独断では決められず、贈与される人が財産の引き継ぎについて承諾する必要があります。そのため、受け取る側の意思を確認したうえで行う贈与のほうが、遺贈よりも確実に財産を引き継いでもらえます。

贈与には、「生前贈与」と「死因贈与」があって、どちらも贈与する人とされる人との間の合意で成立します。

生前贈与は、生きている間に行う贈与。死因贈与は、生きている間に契約しますが、贈与された人が実際に財産を受け取るのは、贈与する人が亡くなったとき。「私が死んだら自宅の土地と建物をあなたにあげる」と言って、相手から「わかった」と返事が返ってくるようなイメージです。

生前贈与のメリットは、財産をいつ渡すかを自分で決められることです。相続や死因贈与は死亡したときに財産が移転しますが、いつ自分が亡くなるのかは誰にもわかりません。そのため、自分が元気でしっかりしているうちに引き継ぎを確実にすませておきたい人にとっては、生前贈与はいい選択肢です。

財産をめぐってトラブルが起きたとき、本人が死んでしまっていればどうすることもできませんが、生きている間であれば自分で対応できます。将来価値が上がることが見込まれる財産を所有している場合も生前贈与を検討してみるといいでしょう。

ただし、生前贈与をしても、遺産分割のときにその価格が遺産の中に持ち戻され、贈与を受けた相続人の取り分が少なくなることがあります（**特別受益制度**↓１２２頁）。この場合は、遺言などで持ち戻しを免除する旨を意思表示しておかなければなりません。

また、一定の生前贈与については、相続人の遺留分（↓１０２頁）が侵害されている場合、贈与された人が侵害額を支払うように相続人から求められることがあります。生前贈与をするときは、遺留分にも注意しましょう。

最後に税金についてですが、一般的には、相続税よりも贈与税のほうが高額になります。しかし生前贈与は、贈与される人・一人当たり年間１１０万円の基礎控除額までであれば、贈与税は課税されません。

ただ、相続開始前3年以内になされた贈与は、相続税の課税対象になってしまいます。そのため、元気なときから計画的に少しずつ生前贈与をするようにすれば、節税対策になります。

相続する人がいなかったらどうする？

亡くなった人に相続人が一人もいない、または法定相続人はいても全員が相続放棄をしてしまい、誰も財産を引き継がないような場合、故人の財産はどうなってしまうのでしょうか。

そのようなときは、故人の債権者（↓90頁）、特別縁故者（↓97頁）などが、家庭裁判所に「相続財産管理人」の選任申立てをします。利害関係者がいない場合は、検察官が選任請求をします。

相続財産管理人には弁護士や司法書士等の専門職などが選任されることもあります。

相続財産管理人は、相続人が本当にいないかどうかの調査や、債権者や受遺者（遺言によって財産を譲り受ける人）を確認するための公告をします。債権者・受遺者が見つかれば遺産から支払います。最終的に故人の財産が残れば、それを国に納めます。
新聞報道によると、2017年度には相続人不在で国に納められた財産の総額は約525億円に上るといいます。

相続人がいなくて、死後、自分がお世話になった友人・知人や介護施設、公的な活動をしている団体などに財産を渡したいと思う人は、その相手に財産を遺贈する遺言を残すことで解決できます。ただし、その場合は、必ず事前に相手に遺贈を受けてもらえるかどうかを確認してください。

私が市役所、区役所に勤務していたときも、「自宅不動産を所在地の自治体に遺贈したい」という申し出は少なくありませんでした。しかし、遺贈される側にその不動産を活用する方法がなければ、お断りせざるを得ないこともあります。

相続人がなく、遺言がない場合でも、亡くなった人と生前、特別なご縁があり、財産をもらうのにふさわしい人がいる場合があります。

例えば、夫婦同然に暮らしていた内縁配偶者や、事実上の養子などです。このような人たちを「**特別縁故者**」といいます。特別縁故者にあたる人は、相続人を探す公告の期間満了後3カ月以内に、家庭裁判所に相続財産分与の申立てをし、認められれば相続財産を分けてもらえます。

特別縁故者には、故人が経営していた会社の元従業員、看護師、家政婦などが認められた例があります。

不動産は大きなもめ事の原因になる

相続財産にはいろいろなものがありますが、とくに気を付けていただきたいのは不動産です。遺産の多くの割合を自宅不動産（土地、建物）が占めているケースは、トラブルがとても多いのです。

例えば、こんなケースを思い浮かべてみてください。

Aさん（男性）が亡くなり、妻はすでに他界しているので、相続人は長男Bと長女Cだけです。Aさんは遺言を残していませんでした。

Aさんの遺産は、評価額2000万円の自宅建物とその敷地、1000万円の預貯金です。Aさんが所有していた家には、Aさんと長男Bの家族が暮らしていました。

不動産をめぐる相続争い

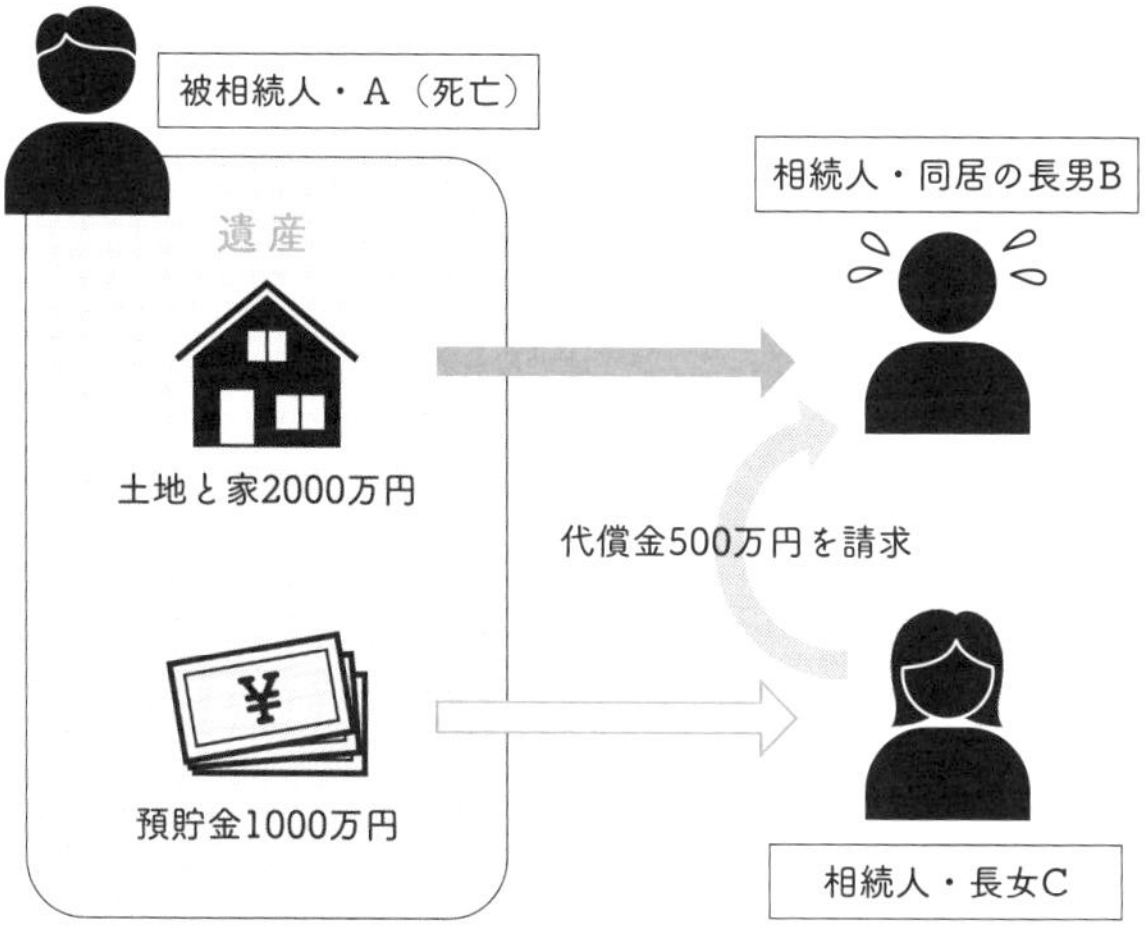

さて、Aさんの四十九日法要も終わってようやく落ち着きはじめたころ、長男Bは相続のことを考える余裕が出てきました。そこで妹の長女Cに電話をして、「自分が自宅不動産を相続するので、Cは預貯金を全額相続したらいいだろう」と話しました。

ところが、長女Cから返ってきた言葉は耳を疑うようなものでした。「兄さんが不動産を相続するのはかまわない。でも私は、預貯金全額を相続するのに加えて、兄さんから500万円を払ってもらいたい」。

長男Bは突然のことに驚き、「何を言っているんだ。そんな大金、払えるわけないだろう！」と電話口に向かって怒鳴りました。すると長女Cは、「現金で払えないのなら、不動産を売って現金化して、私に分けてほしい」とまで言うのです。

長男Bは震える手で電話を切りました。「自宅を出て行けと言うのか。そんなことになったら、自分と家族はこれからどうすればいいのだ」。長男Bはその日は一睡もできませんでした——。

さて、長男Bとしては「長年、自分が暮らしてきた家だし、父親と同居して面倒を見てきたのだから、自分が財産を多めにもらって当然だ」と思っています。しかし、長女Cは「兄は父と暮らしてきて、いろいろ優遇されてきたのに、父は私には何もしてくれなかった」と思っています。そして「私も半分もらう権利がある」と一歩も譲りません。

Ａさんの遺産の評価額は、自宅不動産と預貯金を合わせて３０００万円です。法定相続分は長男Ｂ、長女Ｃともに2分の1なので、それぞれ１５００万円分の遺産を取得する権利があります。しかし、調整弁となる預貯金は１０００万円しかありません。

このような場合、相続人の一人が遺産の割合の多くを占める不動産を取得する代償として、ほかの相続人に「代償金」を払うという調整が行われることがあります。そのため、長女Ｃは、自宅不動産を兄が取得する代わりに、不足する５００万円を自分に払ってほしい、と要求したのです。

このあと、兄妹の仲が最悪の状態に陥ってしまったのは言うまでもありません。天国のＡさんも、愛する子どもたちがこのような状態になるのを望んではいなかったでしょう……。

このような場合、もし、Aさんが「自宅不動産は長男Bに相続させる。預貯金は長女Cに相続させる」という遺言を残しておけば、トラブルを防げたかもしれません。

ただし、遺言書を作成するときには、必ず配分を考えておくようにしてください。そうしないと、死後、相続人の間に争いを巻き起こすことになってしまいます。

亡くなった人の配偶者、子ども、親には、遺産のうち一定の割合に相当する金額を支払うよう、遺産を譲り受けた人に対して請求する権利があります。これを「**遺留分侵害額請求権**」といいます。

その割合（**遺留分**）は左頁の表のとおりです。遺留分侵害額請求権のある人は、亡くなった人の遺産の評価額に、この割合と法定相続分をかけて算出された金額をもらう権利があります。ただし、亡くなった人の兄弟姉妹には遺留分はありません。

遺留分

相続人	遺留分の合計
親だけ （配偶者・子なし）	1/3
配偶者だけ	1/2
配偶者＋子	
配偶者＋親	
子だけ	
兄弟姉妹	遺留分なし

長女Cが請求できる金額

遺産総額　遺留分の合計　法定相続分

3000万円 × 1／2 × 1／2 ＝ 750万円

遺留分 1／4

先ほどの事例で、Aさんが「自宅不動産は長男Bに相続させる、預貯金は長女Cに相続させる」という遺言を残していたとしましょう。長女Cの遺留分は4分の1（遺留分の合計1／2×法定相続分1／2）です。Aさんの遺産の総額は3000万円なので、長女Cが遺留分として取得する金額は750万円です。

長女Cは遺言で預貯金1000万円を相続するとされており、すでに750万円を上回っているので、長女Cがこれ以上の請求をすることはできません。

相続トラブルが起きやすいパターン

ここからは、とくに相続トラブルが起きやすいパターンについて見ていきたいと思います。

①離婚・再婚して別れた配偶者との間に子どもがいる人

離婚・再婚した人が亡くなった場合、現在の配偶者は相続人になりますが、以前の配偶者はもう他人ですから、相続人にはなりません。しかし、前の配偶者との間の子どもは、今の配偶者との間の子どもと同様、相続人になります。

離婚・再婚歴のある人が遺言を残さずに亡くなってしまうと、相続人が自分たちで遺産分割の話し合いをしなくてはなりません。とくに今の家族と前の家族との間に交流がないと、今の家族はよく知らない人に財産を取られるような気持ちになってしまい、話し合いがこじれるかもしれません。離婚・再婚歴がある人は、遺留分を考慮したうえで遺言書を作成しておくことです。

②子どもがいない夫婦

子どもがいない夫婦のどちらかが亡くなったら、亡くなった人の親または兄弟姉妹も相続人になります。すると、残された配偶者は、亡くなった配偶者の親から遺産の3分の1を請求されたり、配偶者の兄弟姉妹またはその子ども（甥・姪）から遺産の4分の1を請求されたりします。

とくに、自宅以外にめぼしい遺産がなかったり、残された配偶者が故人の財産に依存して生活していたりすると、大変なことになります。

このような事態を防ぐために、子どもがいない夫婦は遺言書を作成することです。

とくに相続人が故人の配偶者と兄弟姉妹の場合は、兄弟姉妹には遺留分がないので、財産をすべて配偶者に相続させる遺言を残すことで配偶者が兄弟姉妹や甥・姪から請求される心配がなくなります。

③内縁関係にある夫婦

法律上の婚姻関係になく、いわゆる事実婚の配偶者（内縁の妻、夫）は相続人にはなりません。そのため、生前、夫婦同然に暮らしていても、故人の財産はすべて子、親、または兄弟姉妹の手に渡ることになります。このような場合も、内縁配偶者に財産を遺贈する旨の遺言を残しておけば、自分が亡くなったあとの内縁配偶者の生活を支えることができます。

④事業を営んでいて、子どもの一人に事業を継がせたい人

会社を経営していて、子どものうち一人に事業を継がせたい人も、遺言書を書くべきです。なぜなら、相続によって、事業を継がせたい子ども以外の相続人に会社の株

式や事業用不動産が分散してしまうと、会社の経営がうまくいかなくなってしまうからです。

そうならないように、遺留分を考慮したうえで、事業を継がせたい子どもに会社の株式や事業用不動産を相続させる必要があります。

⑤一人残った親も亡くなり、子どもだけになった場合

実は、親のどちらかが亡くなっても、もう片方の親が残っている間であれば、子どもたちどうしがもめることはあまりありません。子どもたちは団結して、残された親を助けようとする傾向があるからです。また、残された親が子どもたちに睨みをきかせているから争いが起こらない、ということもあるでしょう。

しかし、残った親も亡くなり、子どもたちだけになったときはもめることが圧倒的に多いのです。亡くなった親からすれば、自分の相続をきっかけに子どもたちの関係が壊れることほど悲しいことはありません。

相続の準備は早めに始めよう

相続の準備を始めようと思ったら、まず次のことから取りかかりましょう。

①財産目録をつくる

自分が所有している財産を整理して一覧表をつくります。これが「**財産目録**」で、不動産、預貯金、株式、有価証券、また通帳がないネット銀行やネット証券も忘れずに記入します（相続財産↓72頁）。

財産目録をつくることで、これからの生活を考えるきっかけにもなり、突然、自分に死が訪れたとしても、遺族が財産を調べる手間が省けます。

受取人が指定されている保険は相続財産には含まれませんが、受取人が確実に保険金を受け取ることができるように、これも目録に記載します。

負債がある人は、それについても目録に記載しておきます。

年金やクレジットカードの情報も書いておくと、遺族が死亡後の手続きをするときに役立ちます。

財産目録の書式に決まりはないので、市販のエンディングノートを利用してもいいでしょう。

また、財産目録を作成するときには、しばらく使っていない金融機関の預貯金口座やクレジットカードを解約し、整理しておきます。相続人が金融機関口座の解約手続きをするには、書類を複数回にわたり提出したり、戸籍謄本など多くの資料を提出したりするなど、とても煩雑だからです。自分が元気でいる間にこれらを解約しておけば、遺族の手間をかなり省けます。

②戸籍謄本等を取っておく

次に、自分が生まれてから現在までの連続した戸籍謄本、除籍謄本、改製原戸籍謄本（以下「戸籍謄本等」と呼びます）を取得します。

相続の手続きの際は、金融機関でも、法務局でも、どの機関でもこれらの戸籍謄本等の提出を求められます。あらかじめ自分で戸籍謄本等をそろえておけば、遺族の手間を大きく省くことができます。

戸籍について、少し説明しておきます。

日本では、生まれたときは親の戸籍に入ります。しかし、結婚すると親の戸籍を出て新しい戸籍をつくります。法律の改正によって新しく戸籍が編纂されることもあります。引っ越して本籍地を変えてきた場合は、前の本籍地での戸籍謄本を取る必要があり、その通数が多くなります。

戸籍謄本は、本籍地がある役所（市区町村役場）に請求します。郵送で請求することもできます。

まず、現在の戸籍謄本を取るところからスタートです。戸籍謄本には、必ず一つ前の戸籍の所在地が記載されているので、順番に一つずつ遡って途切れることのないように取っていきます。

戸籍謄本等の請求にあたり、取得の目的が「相続のため」生まれてからの戸籍がすべて必要であることを請求書に明記すると、役所の職員が配慮して相続手続きに必要なものを交付してくれることもあります。

子どものいない人は少し注意が必要です。そういう人は、親、祖父母、曾祖父母などの戸籍謄本等を取得して、直系尊属がすでに全員死亡していることの確認を求められることがあります。多くの場合、明治時代の戸籍まで遡ることになり、労を要する作業です。

兄弟姉妹が相続人になる場合で、兄弟姉妹に亡くなっている人がいる場合、兄弟姉妹が亡くなるまでの連続した戸籍謄本等も必要です。

このようにして、子どもがいない人は何十通もの戸籍謄本等を取得しなければならないことがあります。これはかなり時間がかかる面倒な作業です。祖先の戸籍謄本等までは自分でそろえておくといいでしょう。

実際に相続が始まったあとは、これらの収集した戸籍謄本等に加え、本人が死亡したことがわかる戸籍謄本か除籍謄本と、相続人全員の最新の戸籍謄本を取ることで、相続人が相続手続きを行うことができます。

③身のまわりの整理をしておく

多くの人が「なんとかしなければならない」と真剣に思っているのが、身のまわりのものの整理です。

最近は、40代くらいから生前整理を決意する人もいるようです。身のまわりのものの整理はけっこう体力がいる作業です。ぜひ、気力も体力も十分あるうちに整理を進めてください。

気を付けたいのは、貴金属、宝石、骨とう品、美術品、絵画、ブランド品などの「動産」の整理です。

資産価値のある動産は相続財産に含まれますが、素人である相続人には価値の判断が難しく、捨てるに捨てられずに困ってしまったり、反対に価値のあるものと知らずに処分してしまったりすることがあります。

自分で整理して価値があるものを区別しておきましょう。

資産価値があるというほどではないけれども、ちょっとしたいいものであれば、誰かにプレゼントしてしまうのもいいでしょう。

ただし、昔の指輪やペンダントのように、譲られても困るものもあるので、自分で売却したり、思い切って捨てたりするのもいいと思います。このような思い切りも、元気でしっかりしているうちでないとできなくなるかもしれません。

配偶者が自宅に住み続けられるようになった

２０１８年7月、約40年ぶりに民法の相続について定める部分（相続法）が改正されました。大きく変わったことは次の２つです。

①相続人、とくに亡くなった人の配偶者の年齢が昔より高齢になっているため、配偶者の生活の保障を図ったこと
②遺言書を作成しやすくしたこと

ここからは、この2点について、みなさんが知っておくべき改正のポイントを、ひ

とつずつ見ていきましょう。

自宅の所有者である夫が亡くなり、夫婦で住んでいた自宅が相続の対象になってしまうと、残された妻がそのまま自宅に住み続けられなくなってしまうことがあります。もし、亡くなった夫が自宅のほかにも、現金や預貯金など、分配しやすい財産をたくさん持っていれば別ですが、「めぼしい財産は自宅しかない」場合にはとくに妻は困ることになります。

夫が亡くなり、妻と子どもの２人が相続人となるケースを、１１９頁の図で考えてみましょう。子どもは「もらえる権利がある財産はきちんともらいたい」と考えているとします。亡くなった夫の財産には、評価額２０００万円の自宅と２０００万円の預貯金がありました。

この場合、法律が定める妻の取り分（法定相続分）は２分の１、子どもの取り分も

2分の1ですから、妻と子どもはそれぞれ2200万円×1／2で、1100万円分ずつ相続する権利があります。

もし、妻が自宅を相続することになると、子どもは預貯金を全額相続したうえで、「不足する900万円の代償金を払ってほしい」と妻（母親）に請求することができます。

この場合、妻がお金を用意できればいいのですが、できなければ自宅を売却して現金化し、子どもに分け与えなければならなくなります。

このような事態にならないように考えられた新しい制度が「**配偶者居住権**」です。対象となるのは、2020年4月1日以降に亡くなった方の相続についてです。

配偶者居住権とは、亡くなった人が所有する建物に、亡くなった時点で住んでいた配偶者は、生きている間は無償で建物に住む権利があるとするものです。

配偶者居住権

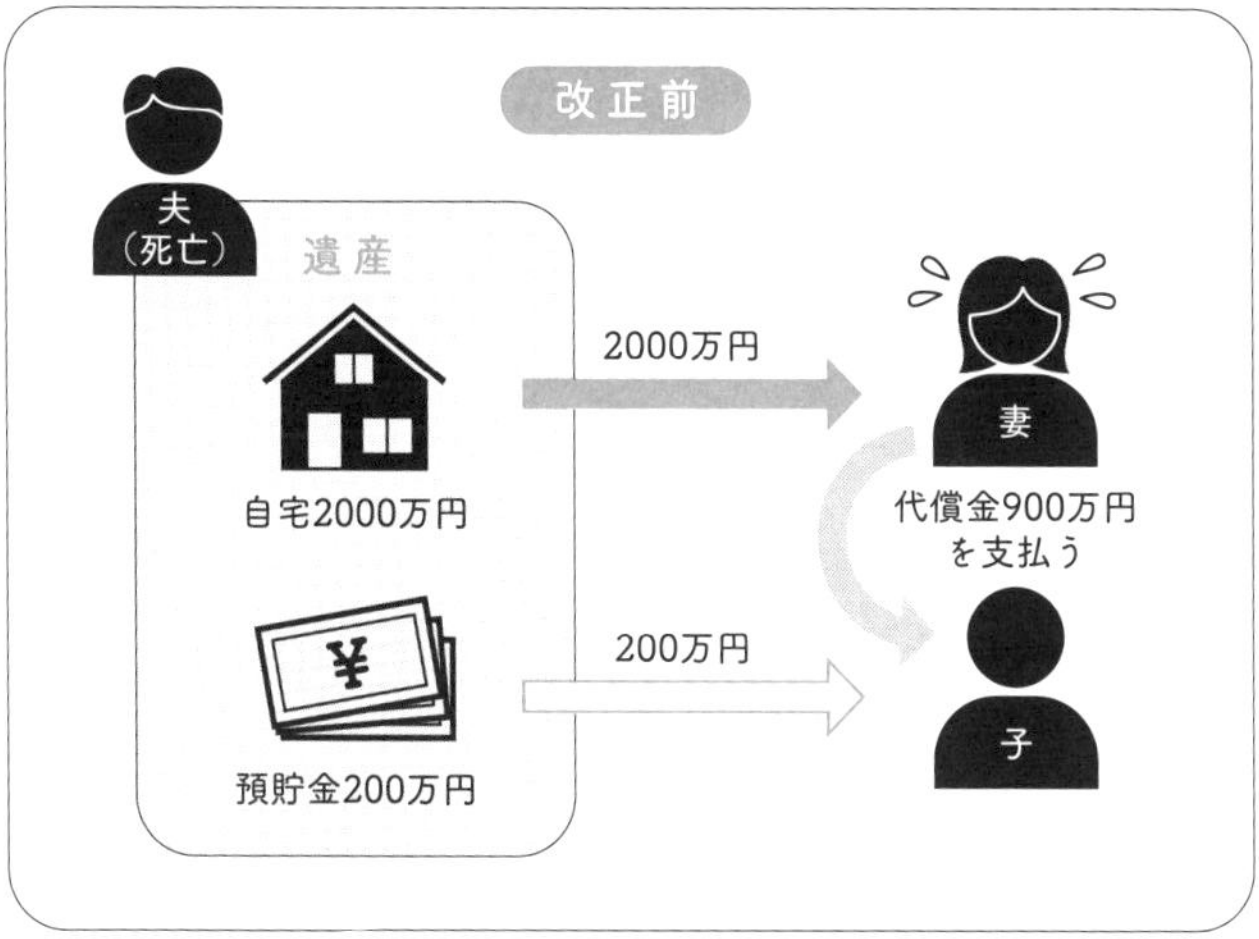
改正前
夫
（死亡）
遺産
自宅2000万円
預貯金200万円
2000万円
200万円
妻
代償金900万円
を支払う
子

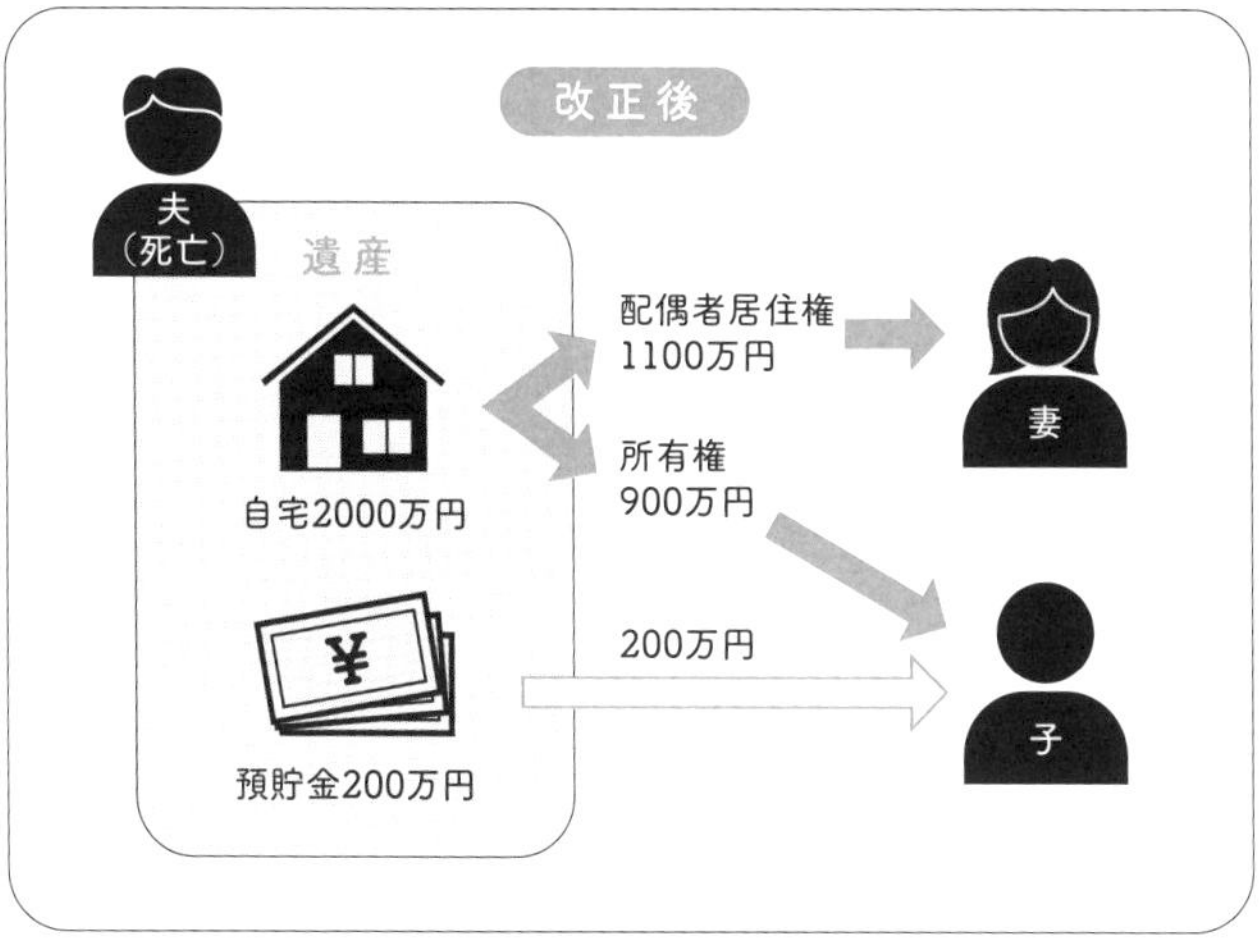
改正後
夫
（死亡）
遺産
自宅2000万円
預貯金200万円
配偶者居住権
1100万円
所有権
900万円
200万円
妻
子

配偶者居住権を取得すると、その価値に相当する財産を相続したことになりますが、建物を使用する権利ですから、所有権を取得するよりも財産評価額は下がります。

例えば、先ほどの事例で、妻が自宅の配偶者居住権（評価額1100万円とします）を相続することにすれば、子どもが自宅の所有権（評価額は、自宅の評価額2000万円－配偶者居住権の評価額1100万円＝900万円）と預貯金の2000万円を相続することで解決できます。こうすれば妻の今後の生活の拠点が確保できます。そして将来、どこかの時点で妻が亡くなれば、自宅は完全に子どものものになるわけです。

また、配偶者居住権と一緒に、「**配偶者短期居住権**」という制度もつくられました。亡くなった人が所有する建物に、亡くなった時点で無償で住んでいた配偶者は、一定期間はその建物に無償で住む権利を得るというものです。

例えば、亡くなった夫が、妻と暮らしていた自宅を知人に遺贈するという遺言を残していたとしましょう。すると、妻は知人から、「建物は私のものだからすぐに出て行ってほしい」「建物に住まわせてもよいが、代わりに家賃を支払ってほしい」などと求められることになります。

しかし、このような場合でも、妻は配偶者短期居住権によって、知人から申し入れを受けた日から6カ月間は自宅に住み続けることができますし、その間の家賃を払う必要もありません。

配偶者への遺贈や贈与は持ち戻しにならなくなった

自分が亡くなったあとも、配偶者が安心して自宅に住み続けられるように、自宅不動産を配偶者に遺贈や贈与したいと考える人はいると思います。

ところが、民法には「**特別受益**」という制度があり、亡くなった人から遺贈や生計の資本などとして贈与を受けた相続人がいるときは、遺産分割のときに、遺贈や贈与を「なかったもの」として、その相続人が受けた利益を遺産に持ち戻し、その人の取り分を減らされてしまいます。

具体的な例で考えてみましょう。亡くなった人の相続人が妻と子どもの場合で、夫が評価額2000万円の自宅不動産を妻に生前贈与していたとします。そのほかに夫

婚姻期間20年以上の夫婦の自宅相続持ち戻し免除

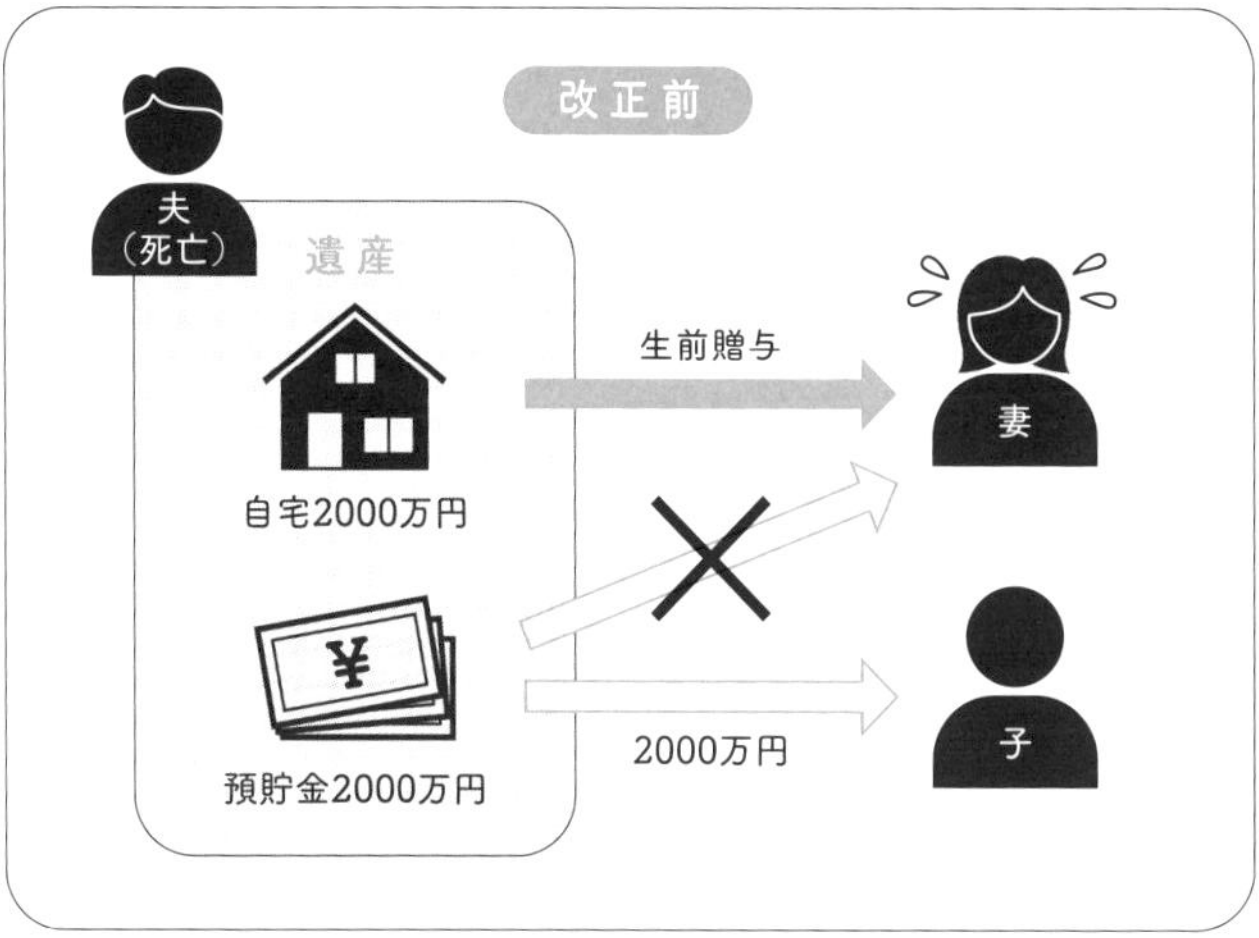

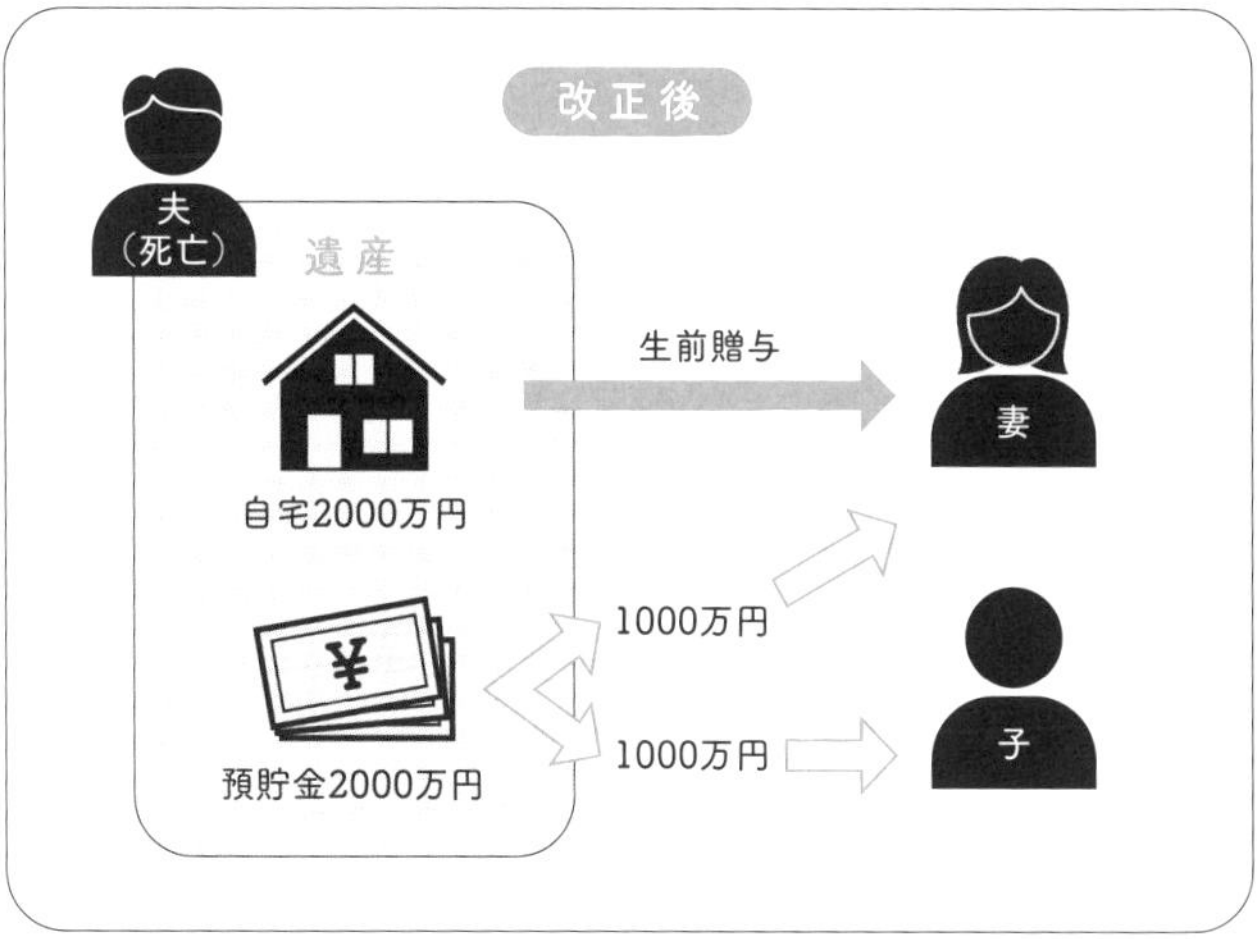

には２０００万円の預貯金がありました。この場合、妻が生前贈与を受けた自宅不動産の価格２０００万円は、遺産分割のときに特別受益として遺産に持ち戻され、夫の遺産は全部で４０００万円相当と評価されます。

妻と子どもの取り分はそれぞれ2分の1ですから、子どもは預貯金２０００万円全額を相続することになり、妻はお金を1円も受け取れません。こうなると妻の老後の生活に不安が残り、せっかく自宅を妻に生前贈与した夫の思いが無駄になってしまいます。

しかし、改正後の民法では、結婚して20年以上の夫婦の間における居住用不動産の遺贈や贈与は、その価格を遺産の中に持ち戻すことを免除する（持ち戻し免除）意思表示があったものと推定することになりました。

この推定が覆されない限り、遺贈や贈与された自宅不動産の価格が遺産に持ち戻されることはありません。先ほどのケースでいうと、妻と子どもが預貯金を１０００万円ずつ相続することになるのです。

遺産分割前の預貯金の払い戻しができるようになった

金融機関は、口座を保有する人が亡くなったことを把握すると、口座を凍結し、相続人全員の署名、実印、印鑑証明書がないとお金を引き出すことができないようにしてしまいます。そうすると、その口座から葬儀費用や医療費など、必要なお金をすぐには引き出せなくなります。

このときに注意が必要なのが、預貯金をすべて亡くなった夫名義の口座に預けていて、自分名義の口座には残高がないという人。実は、専業主婦の方などの中では少なくないのです。そのような人は遺産分割が終わるまでの間、葬儀費用はおろか日常の生活費さえも引き出せなくなってしまいます。
　このようなことにならないように、今回の法改正では、亡くなった人の死亡時点の口座残高のうち、一定額をほかの相続人の署名、実印、印鑑証明書がなくても、相続人の誰かが仮払いを受けられるようになりました。

　しかし、引き出せる金額は次のとおり上限が決まっています。
　預金残高×1／3×その相続人の法定相続分
（ただし、金融機関ごとの上限金額は150万円）

　例えば、相続人が妻と子どもの場合、妻は、預貯金残高の6分の1（1／3×妻の法定相続分1／2）か、150万円のどちらか低いほうの金額まで、預貯金を仮に引き出すことができます。

相続人以外の親族も財産を取得できるようになった

民法には「**寄与分**」という制度があります。例えば、子どもの一人が自宅で母親の介護に尽くしたため、介護施設の費用の支払いをしなくてすんだとか、父親と一緒に会社を経営して発展させたなど、亡くなった人の財産を減らさなかったとか増やしたと認められる場合に、その相続人がその貢献の度合い（寄与）の分だけ財産を多く取得できるという制度です。

ただし、寄与分が認められるには、親族間で通常期待される程度を超えた貢献が必要です。単に親と一緒に暮らして面倒を見たとか、介護施設に頻繁にお見舞いに行ったというだけでは認められません。

また、これまでは法定相続人ではない親族（長男の嫁など）が特別な貢献をしたとしても、寄与分の請求をすることはできませんでした。遺産分割では、寄与分を請求できるのは相続人だけだからです。

遺言書を作成すれば、相続人以外の親族に遺産を渡すことができますが、遺言書を書かずに亡くなってしまうと、もはや手立てがないというのが現実でした。

そこで、改正後の民法では、このような相続人以外の親族は、相続人に対し、特別の寄与に応じた額の金銭（特別寄与料）を請求できることになりました。親の介護に尽くした長男の嫁などが、相続人に対して金銭を請求する道が開かれたのです。

自筆証書遺言が作成しやすくなった

これまで、自分で書く遺言（自筆証書遺言）は、全文、日付、氏名をすべて自筆で書かなければならず、作成するのが大変でした。

改正後の民法では、相続財産目録の部分についてだけはパソコンなどで作成したり、ほかの人に代筆してもらってもいいようになりました。

しかし、自筆でなくてもいいのは相続財産目録だけです。これ以外の部分はこれまでと同様、自筆で書かなければならないので注意してください。

また、新たに自筆証書遺言の保管制度がスタートしています。これまでは、自宅で保管するか、貸金庫などで保管するしかなかった自筆証書遺言を法務局で保管してもらえるようになりました。

これらの改正によって、自筆証書遺言を作成するハードルは低くなりました。遺言については、第3章で詳しく説明します。

コラム2―相続トラブルを防ぐ「保険金」

自分が死亡したあとに、医療費や葬儀費などで支払いが必要になったとき、家族には自分の預貯金口座からまとまったお金を引き出して対応してもらおうと思っていませんか？　実は、このような行為は、あとで相続人間のトラブルに発展しがちです。

トラブルを防ぐためには、保険を活用するという手段があります。

保険会社では、「保険金即日支払いサービス」といって、所定の金額を上限に、簡単な手続きで死亡保険金をすぐに受け取ることができるサービスを行っていることがあります。

また、保険は、医療費や葬儀費のためだけでなく、相続税の納税資金用にとか、財産を特定の人に多く渡したい場合に、その人がほかの相続人から請求され得る遺留分侵害額を死亡保険金で準備しておくためにも利用できます。

受取人指定の死亡保険金は、原則として、遺産に含まれないという特徴があります。特定の人にほかの相続人よりも多く財産をあげたい場合、生命保険を契約してその人を受取人に指定すれば、のちの遺産分割における紛争を防ぐこともできます。

ただし、死亡保険金は遺産に含まれなくても、相続税の課税対象にはなります（死亡保険金は一定額が非課税になるので、上手に使えば節税にもなります）。また、遺産総額に対してあまりに死亡保険金の額が大きいなどの事情があると、例外的に特別受益（↓122頁）として持ち戻しの対象になることがあるのでご注意ください。

第3章

遺言はどうする？

遺言は家族の幸せのために書くもの

最近は終活ブームで、遺言を作成する人が増えていますが、まだまだ少数派です。遺言を作成したいと思っていても、実際に作成する人はごく少数なのです。55歳以上の人で自筆証書遺言か公正証書遺言を作成したことがあると答えた人は、たった7％弱しかいません（2017年度、法務省）。

遺言の最大の効能は、残された家族によるもめ事を防ぐことです。「遺言書を書くなんて縁起が悪い」「遺言を作成するときのルールが難しい」という声は多いのですが、自分の死後の家族が心配な人には全員、遺言書を書いていただきたいのです。

もめるという話をすると、「うちにはたいした財産がないから関係ない」「家族みんな仲がいいから、もめるなんてあり得ない」と自信たっぷりに言う人が必ずいます。

しかし、実際は少額の財産でも、ドロドロの相続争いが起こっています。仮に、子どもたちどうしは仲がよくても、配偶者や友人にはっぱをかけられることもあります。私が関わってきたケースでも、相続人の背後にいる配偶者の圧力を感じる例が少なからずありました。

死後、**自分の財産を誰にどれだけ分配するかを考え、準備をすることは、自分の財産について最後まで責任を取るということです。家族を大切に思うならぜひ、遺言を作成してください。**

面倒な遺言の作成がラクになった

遺言を作成することに躊躇する理由は、「面倒くさい」と「時間がない」というのが大多数でしょう。

公正証書遺言をつくるには公証役場に出向く必要があり、費用もかかります。

自筆証書遺言は、以前は全文を手で書かなければならないという決まりがありました。高齢になって遺言書をすべて自筆で書くのは大変な作業です。考えただけで億劫だというのもよくわかります。

しかし、今回の民法改正で、自筆証書遺言の制度が使いやすく改善されました。

①財産目録はパソコンでつくってもいい

遺言に添付する財産目録は、自筆で記載しなければなりませんでしたが、法改正でパソコンで作成したものや、ほかの人に書いてもらったものを添付してもいいことになりました。

また、財産を特定する書類があれば、それを財産目録として添付できるようになりました。例えば、不動産であれば「不動産登記事項証明書」、預貯金であれば「通帳の写し」を添付すればよいのです。これで財産が多岐にわたる場合でも、だいぶラクに自筆証書遺言を作成できるようになりました。

ただし、財産目録以外の部分については、これまでと同様、自分の手で書くことが必要なので注意してください。

②法務局で自筆証書遺言を保管してくれる

2020年7月から、「**自筆証書遺言書保管制度**」という制度が始まりました。作成した自筆証書遺言を法務局で保管してもらえるのです。

この制度によって、これまで自宅や貸金庫などに保管するしかなかった自筆証書遺言を、安全に保管できるようになりました。

また、従来は自筆証書遺言を見つけた相続人は、家庭裁判所に持っていって確認してもらう「検認」という手続きが必要でしたが、この制度を利用すれば、検認手続きもいりません。

思い立ったら気軽に作成できるのが自筆証書遺言のいいところです。新しくなった制度を使って、まずは自筆証書遺言の作成にトライしてみてはいかがでしょうか。

認知症でも軽度なら遺言を残せる

認知症になると、さまざまな行為が制限されるという話をしましたが、遺言はどうでしょうか。実は、認知症になったからといって、直ちに遺言ができなくなるわけではありません。

認知症が軽度の段階だと、「まだら認知症」といって、しっかりしているときとそうでないときが交互に出ることがあります。しっかりしているときであれば、遺言ができるのです。

しかし、誰か一人に特別に有利な遺言書を作成したり、真意がわかりにくい遺言書を作成したりすると、死後、相続人から「遺言者に判断能力がなかったので、その遺言は無効だ」と言われるリスクがあります。やはり、元気でしっかりしているうちに作成したほうが確実です。

ごく軽度の認知症で、判断能力に問題がないと思われる人が遺言書を作成するときには、医師に診断書を書いてもらうなどして、判断能力に関する証拠を残しておくといいでしょう。

なお、成年後見人が付いてから遺言をする場合は、医師2人以上が遺言書作成のときに立ち会って、遺言者が判断能力を一時的に回復した状態であったことを遺言書に付記して、署名押印することとされています。

最も手軽な手書きの「自筆証書遺言」

遺言には、「**自筆証書遺言**」「**公正証書遺言**」「**秘密証書遺言**」という3種類の方式があります。

日本では、いずれかの方式を踏まない限り、遺言としての効力は認められません。海外には、録音や録画で記録したメッセージが認められる国もあるようですが、日本では法的拘束力を持つ遺言として認められないので注意してください。

まず、遺言書の中で最も手軽な「自筆証書遺言」について説明します。

自筆証書遺言のメリットは、費用が一切かからないこと。紙、ペン、ハンコ、朱肉さえあれば、一人で作成できます。遺言の本文、日付、氏名を自筆で書き、印を押せば完成します。

そして、家族の干渉が気になる場合などには、遺言の存在を誰にも明かさず秘密にしておくこともできます。

自筆で書くことが求められるのは、筆跡によって本人が書いたものであることがわかり、本人が自筆で書いたのであれば、自分の真意に基づいて書いたものであると判断できるからです。

ただし、手が震えて字を書くことが難しい人が、近親者に手を添えてもらって書いた自筆証書遺言は無効になってしまう可能性があります。字を書くのが難しい人は、次項で説明する公正証書遺言を選びましょう。

また、改正後の民法では、財産目録の部分に限ってはパソコンで作成したり、ほかの人に書いてもらったりして添付できるほか、自筆証書遺言を法務局で保管してもらえるなど、利用しやすくなっています（↓１３６頁）。

一方で、デメリットもあります。

日付や署名押印の方法を間違えると、無効になってしまうおそれがあり、書き間違えた場合の訂正も厳格なルールにしたがわなければなりません。

また、死後、遺言書が誰にも発見されずに、遺産分割が行われてしまうおそれもあります。誰かに遺言書を偽造、変造されてしまうリスクもあり、遺言の有効性をめぐって、相続人どうしでドロドロの争いが繰り広げられる原因にもなります。これについては「自筆証書遺言書保管制度」を利用することで、リスクを減らすことができます。

絶対に確かな「公正証書遺言」

「公正証書遺言」は、本人が遺言の内容を公証役場の公証人に伝えて、これを聞いた公証人に遺言（公正証書）を作成してもらうというものです。

自分の手で書く必要がある自筆証書遺言と違い、公証人が作成してくれるので、手が震えるなどの理由で字を書くことが難しい人でも、遺言書を作成できます。

また、方式を間違って無効な遺言書をつくってしまったり、内容が不明確であるなどの原因で、あとで争いになったりするリスクも減少します。

さらに、遺言の原本が公証役場に保存されるので、遺言書の保管場所に困るということもなく、偽造や変造のおそれもありません。自筆証書遺言と違い、家庭裁判所でわざわざ検認を受ける必要もなく、すぐに財産を分けることができます。

公正証書遺言の作成費用

目的の価額	手数料
100万円以下	5000円
100万円を超え200万円以下	7000円
200万円を超え500万円以下	１万1000円
500万円を超え1000万円以下	１万7000円
1000万円を超え3000万円以下	２万3000円
3000万円を超え5000万円以下	２万9000円
5000万円を超え１億円以下	４万3000円
１億円を超え３億円以下	４万3000円に超過額5000万円までごとに１万3000円を加算した額
３億円を超え10億円以下	９万5000円に超過額5000万円までごとに１万1000円を加算した額
10億円を超える場合	24万9000円に超過額5000万円までごとに8000円を加算した額

※相続・遺贈を受ける人ごとに財産の価額を算出し、手数料を合算する（①）。
※全体の財産が１億円以下のときは、上記①に１万1000円が加算される。

出典：日本公証人連合会HPより一部抜粋

他方でデメリットもあります。

まず、公正証書遺言を作成するには前頁の表のように費用がかかります。

また、公正証書遺言の作成には2人の証人が立ち会わなければならないため、遺言の内容は証人に知られてしまい、自分だけの秘密にしておくことができません。


公正証書遺言を作成するには、まず、自分でどのような内容にするかを考えます。あらかじめ弁護士などの専門職に相談し、遺言の内容を一緒に検討してもらうこともできます。

それから公証役場に電話をして面談の予約を入れます。専門職に依頼する場合は、公証人との調整や面談も代行してもらえるように取り決めることができます。

その後、公正証書遺言の作成日時を予約して公証役場に行き、遺言の内容を公証人に直接口頭で伝える「口授《くじゅ》」を行います。ですから専門職に依頼しても、この日だけは遺言者本人が出席する必要があります。公証人は口授から遺言を筆記し、その内容を読み聞かせ、遺言者が承認したら完成です。

公正証書遺言を作成するときは、証人2人の立会いが必要なため、利害関係のない知人などに同席を依頼する必要があります。証人をお願いできる人がいなかったり、知人に遺言の内容を知られることに抵抗があったりする場合は、公証役場や専門職から証人を紹介してもらうこともできます。

遺言者が高齢や病気のために公証役場に赴くことが難しい場合は、公証人に遺言者の自宅や病院へ出張してもらうこともできます。作成した公正証書遺言の原本は公証役場に保存され、遺言者には正本と謄本が渡されます。

遺言者が亡くなったあとは、相続人は、全国どこの公証役場でも、亡くなった人の公正証書遺言があるかどうかを検索してもらえます。それがある場合には、作成した公証役場で謄本を取ることができます。

公正証書遺言は、費用はかかりますが、それでも作成するメリットは大きいといえます。一生の締めくくりとなる大事な文書を作成するのですから、後日の紛争を避けるためにも、できれば公正証書遺言を選ぶことをおすすめします。

誰にも知られたくないなら「秘密証書遺言」

遺言の内容を秘密にしたまま、自分の遺言があることを公証人に証明してもらいたいときには、「秘密証書遺言」が適しています。

秘密証書遺言は、遺言者が遺言書に署名押印して封筒に入れ、遺言書に押印したものと同じ印鑑で封印して作成します。

遺言者がこの封筒を公証人と証人2人以上の前に提出して、自分の遺言書であること、筆記した人の氏名、住所を述べます。最後に、公証人が封筒に日付等を記入し、遺言者、公証人、証人がそれぞれ署名押印して完成です。

遺言書自体は封印してしまうため、中身について誰にも知られずに作成することができます。費用も一律1万1000円と公正証書遺言に比べると安くすみます。

秘密証書遺言は、自筆証書遺言と違って手で書く必要はなく、署名押印を除き全文パソコンで作成でき、他人に書いてもらったものに署名、押印することもできます。自筆でなくてもいいので、手が震えて字を書くのが難しい人にも適しています。

しかし、公証人が遺言の内容を確認するわけではないため、一定の方式を満たしていないと無効になってしまいます。また、自筆証書遺言と同様、遺言自体は自分で保管しなければならないので、せっかく作成したのに死後に発見されない可能性もあります。家庭裁判所の検認も必要です。

このようなことから、秘密証書遺言はあまり利用されていません。

「自筆証書遺言」の作成前に準備すること

自筆証書遺言は費用がかからず、さらに民法改正で利用しやすくなったことから、誰もが気軽にできるようになりました。ここでは、自筆証書遺言の作成準備について、もう少し詳しく見ていきましょう。

①用意するもの

自筆証書遺言を書くにあたって用意するものは、紙、ペン（鉛筆や消せるボールペンは不可）、ハンコ（認印より実印がいい）、朱肉です。修正液は使用禁止です。封筒は必須ではありませんが、あったほうが保存に適しています。

まず、自分の財産にどのようなものがあるかを整理しましょう。

不動産を持っている人は、「不動産登記事項証明書」を準備してください。手元にない場合は近くの法務局で取ってください。

預貯金がある場合は、通帳をすべて出してください。有価証券もすべて出します。

そこから財産をすべてリスト化します。

借金などのマイナスの財産があれば、それも相続財産としてリスト化してください。

この財産目録に限っては、パソコンで作成してもかまいません。

②相続人の確認

次に、自分の相続人が誰なのかを確認します。この機会に自分が生まれてから現在までの戸籍謄本、除籍謄本などを市区町村の戸籍担当課から取り寄せておくと、あとで相続人が資料をそろえる手間を省けます（戸籍謄本等の取り寄せ方↓111頁）。

③相続財産の整理

さらに、誰に何をどれだけ相続させるのかを決めます。財産の分配に差をつける場合は、後日の紛争を避けるため、遺留分（↓１０３頁）を下回らないように配慮してください。

なお、遺言では、相続人ではない人にも財産を分配できます。

④生前会議

遺言書を書くにあたっては、生前会議を開いて関係者に遺言の内容を伝えておくことができればベストです。内緒で遺言書を作成すると、自分が亡くなったあと、遺言の内容に不満を抱く相続人がいても、もはや本人にその真意を問うことはできません。できれば生きている間に自分から直接、家族に自分の気持ちを伝えたいものです。

なお、生前会議は相続人全員がそろった場で開催するのが理想的です。別々の機会に一人ずつ話をすると、「自分が相続について任された」と勘違いする相続人が出てきて、のちに相続人の間でトラブルが起きる原因になりやすいからです。

また、一般的な財産とは別に、「祭祀財産」の承継者について遺言で定めることがあります。祭祀財産とは、お墓、仏壇、位牌などのことです。

祭祀財産はほかの相続財産と異なり、相続人の間で分けずに一人が引き継ぎます。遺言に引き継ぐ人が指定されていない場合は、慣習にしたがって、祖先の祭祀を行うべき人が承継します。

「自筆証書遺言」はルールどおりに作成する

ここからは自筆証書遺言の書き方を説明します。財産目録を除き、全文を手書きで書いていきます。自筆証書遺言に記載しなければならないのは、次の項目です。

①誰にどの財産を相続させるか

財産の分配は、遺言の中の核心的な部分です。付録の「自筆証書遺言の例」のように、「次の不動産を妻 甲野花子に相続させる」「次の預貯金を長男 甲野次郎に相続させる」などと記載して、それぞれ財産の内容について記載します。

財産目録を作成して添付する場合には、「別紙財産目録第１記載の土地を妻 甲野花子に相続させる」「別紙財産目録第3記載の預貯金を長男 甲野次郎に相続させる」などとしてもかまいません。財産の内容については、間違いがないように、不動産登記事項証明書や預貯金通帳をよく確認して、正確に書き写してください。

相続人ではない人に財産を渡す場合は、「次の建物を長男の妻 桃子に遺贈する」などと記載します。つまり、相続人に財産を残す場合は「相続させる」、相続人以外の人に財産を残す場合は「遺贈する」という文言を使います。

なお、自筆でない財産目録は、頁ごとに署名押印しなければなりません。登記事項証明書や預貯金通帳のコピーを添付する場合も、頁ごとに署名押印が必要です。

②日付を記載する

遺言書には、客観的に特定できる日付を必ず記載してください。シンプルに「2021年4月4日」などと書けばいいだけです。決して「2021年4月吉日」などと書いてはいけません。日付が特定できず無効になってしまいます。

③氏名を記載して押印する

末尾に遺言者の氏名を筆記し、そのあとに必ず押印してください。印鑑は認印でもかまいませんが、トラブル防止のため実印のほうがいいでしょう。

遺言書には、遺言の内容を実行する「遺言執行者」を誰にするか決めて書くことができます。遺言執行者は、必ず選任しなければならないものではありませんが（遺言で子の認知や相続人の廃除をする場合は必須です）、指定しておくと、遺言の内容を確実に実行してもらえるので安心です。

なお、遺言執行者には相続人の中から指定できますが、相続人の間で対立が起きそうな場合には、弁護士などの専門職を指定しておくといいでしょう。

④訂正する方法

自筆証書遺言を書き損じてしまった場合の訂正方法については、民法で次のように定められています。

①訂正、削除する箇所を2本線で削除し、その箇所に印を押す。
②訂正後の正しい文言を記載する。
③余白に「本遺言書第1条2行目『23番地1』を『23番地2』に訂正した」「本遺言書第2条3行目『〇〇』の2字を削除した」のように、どの箇所をどのように訂正したかがわかるように付記する。
④付記した箇所に遺言者本人が署名する。

このように、遺言の訂正方法には一般的な文書の訂正方法よりも厳格なルールがあります。そのため、訂正箇所が多くなった場合には、できれば最初から書き直したほうがいいでしょう。

遺言は何度でも撤回・変更できる

あるとき、私が講師をした終活セミナーで、「あとで状況や自分の考えが変わるかもしれないので、なかなか遺言書をつくることに踏み出せない。自分の死が近いと思ったときに書こうと思います」と話す人がいました。

確かに、遺言書を作成してから状況が変わる可能性はあります。しかし、人間いつ何が起きるかわかりません。いつまでもそう言っていると、手遅れになるかもしれません。

実は、遺言書は撤回も変更もできます、定期的に自分の状況を見直して、状況に合わせて何度でも書き直せるのです。自筆証書遺言を公正証書遺言で撤回するなど、前の遺言とあとの遺言の方式が変わっていてもかまいません。

前の遺言を撤回すると明示しなくても、前の遺言内容とあとの遺言内容が異なるときは、その部分については前の遺言を撤回したものとみなされるのです。

遺言書を作成したあとに、遺言者がした行為が遺言と食い違うときも、遺言は撤回されたものとみなされます。

例えば、「妹の娘（自分の姪）にマンションを遺贈する」という遺言書を作成したあとに、そのマンションを誰かに生前贈与したような場合は、前の遺言は撤回したものとなります。


公正証書を作成するには手数料がかかるので、公正証書遺言をそう何度も作成し直すことはできないかもしれません。であれば、まずは手軽な自筆証書遺言を作成してみてはいかがでしょうか。後日、より安全で確実な公正証書遺言に作成し直すこともできるのですから。

相続分に差をつけるときは注意しよう

民法は、相続人がそれぞれ相続財産の何分の1を配分されるか（法定相続分→81頁）を規定しています。そのため、相続人になる人は、「自分はこれくらい財産をもらえるはずだ」と見込んでいるものです。

しかし本人には、「面倒を見てくれた子どもAに感謝しているから」とか、「障害のある子どもBの将来が心配だから」といった理由で、相続人の一人に財産を多く分け与えたいという意向があることがあります。

このような場合に、その特定の相続人に全財産を相続させたり、法定相続分を超える財産を相続させたりする遺言書を作成すると、ほかの相続人との間でトラブルが生じます。

兄弟姉妹以外の相続人には亡くなった人の財産から「最低限これだけは取得できる」という取り分が法律で定められており、それを「遺留分」といいます（↓１０３頁）。

この遺留分に相当する財産を受け取れなかった相続人は、権利を侵害されたとして、贈与や遺贈を受けた人に対し、その侵害額に相当する金銭の支払いを請求することができるのです。

だから遺言をするときには、遺留分に配慮するべきです。それが難しい場合は遺言の最後に、「長男は同居して世話になったので、長男に財産を多く分け与えたい」「ほかの家族は遺留分の侵害額請求をしないで仲良くしてほしい」といった気持ちを書くことができます。これを「付言事項」といいます。付言事項には法的効力はありませんが、これによってトラブルを減らせるかもしれません。

「遺言」でなく「エンディングノート」を活用する

遺言の相談を受けていると、多くの人から「遺言書に葬儀の希望を書いてもいいですか？」と聞かれます。答えは、イエスでもありノーでもあります。

遺言書は、主に財産について、自分の死後にどのように配分するかを書き記すものです。しかし、財産以外のことを書いてはいけないという決まりはありません。葬儀の希望について書いてもかまわないのですが、葬儀の希望は「法定遺言事項」ではないため、家族に対して法的に強制することはできません。

もちろん、家族が遺言書を見て、それに書かれた希望どおりの葬儀を実現するように努めてくれることはあります。ただ、その遺言書を家族が見るのは一体いつなのか、ということは想像しておくべきでしょう。

例えば、病院で亡くなると霊安室にいられるのはほんの数時間で、家族はすぐに葬儀社に連絡して遺体を搬送するよう求められます。病院から遺体を自宅や葬儀社の安置場所に運ぶと、すぐに葬儀の準備が始まります。

身内の死を経験したことがある方ならご存じでしょうが、作業は短時間でものすごいスピードで進んでいくのです。そのような状況で、家族はいつ遺言書を発見し、中身を確認するのでしょうか。ふつうは葬儀が終わって一息ついてからです。

とくに封をされた自筆証書遺言であれば、家庭裁判所の検認前に開封してはいけないため、葬儀の準備を始める前に家族が遺言書を確認することは、まずできません。

そのため、**遺言書に葬儀の希望を書いても意味がない**、というのが私の回答です。

そこで、葬儀の希望については、遺言書に記すのではなく、エンディングノートに記しておくといいでしょう。エンディングノートには法的効力がないため、「○○さんに土地を譲る」と書いても、法的に実現することはできません。しかし、葬儀の方法や埋葬の希望、延命措置をするかしないかなどの希望については、身近な人には伝わります。

それを誰でも目に付く場所に置いておくか、身近な人にエンディングノートの存在と置き場所を伝えておくことで、葬儀その他の希望を周囲に知らせることができます。

エンディングノートは、遺言の下書きにもなります。遺言書を作成するにあたって財産の一覧を整理したり、考えをまとめたりするのにも役立ちます。そのため、私は、終活を始めるときは「まず、エンディングノートを書くことから始めてみませんか」

とお話ししています。

最近は、さまざまな趣向をこらしたエンディングノートが書店やインターネットで販売されています。また、生命保険会社や葬儀社、自治体が作成して無料で配布しているものもあります。手に取って、気に入ったエンディングノートを見つけて、ぜひ楽しんで記入してみてください。

保管場所は残された人に伝えておく

自筆証書遺言を作成した人に、ぜひお願いしたいことがあります。それは、**保管場所を家族などの身近な人に知らせておく**ということです。

自筆証書遺言を貸金庫や知り合いの弁護士などに預ける人もいますが、少数派です。紛失や改ざんのリスクがあり、あまりおすすめできませんが、多くの人は仏壇の中、金庫、タンス、机の引き出しなどに保管するようです。

ただ時々、突拍子もないところに大事なものをしまう人がいます。私の父が亡くなったときは、あるはずの預金通帳がどうしても見つからず、結局、銀行に紛失届を提出して相続の手続きをしましたが、それからしばらく経ったころ、カーペットの下からひょっこりその通帳が出てきたのです。

保管する側は、「大事なものだから」とあえて誰にも気付かれないような場所にしまい込んだつもりかもしれません。しかし、もし遺言書が誰にも発見されなかったら、せっかく作成した意味がなくなってしまいます。遺族は、遺言書の存在に気付かないまま遺産分割をしてしまうことになります。

家族に余計な干渉をされるのではないかと心配する人は、公正証書遺言にして、自分の死後は公証役場で遺言を確認するように伝えるといいでしょう。

なお、自筆証書遺言についても法務局で保管してもらえるようになったので、この制度を利用することも検討してください（↓１３７頁）。

コラム3——「デジタル遺品」の整理

もし自分が死んでしまったら、SNSなどインターネット上の自分のアカウントや、パソコン、スマホの中のデータはどうなるのでしょうか。

残したい・伝えたい情報が気付かれないまま破棄されてしまったり、反対に内緒にしたい情報が家族に見つかったりしてしまうかもしれません。放置されたSNSやブログのコメント欄が荒らされたり、乗っ取られて悪用されたりする恐れもあります。

パソコンやスマホのデータ処分やインターネット上の各種サービスの削除・解約などに関する要望は、家族にわかるようにエンディングノートに記載しておきましょう。

家族がいない場合は「死後事務委任契約」（↓172頁）を締結して処理を依頼する

こともできます。

インターネット上のサービスには、あらかじめ自分で亡くなったあとの設定ができるものもあります。

例えば、グーグルのアカウントは、一定期間利用がないと自動的に削除するように設定できます。フェイスブックは、管理人を設定しておくと新規投稿、コメントができない「追悼アカウント」に変更して残すことができます。

スマホに大量の写真データを収蔵している人も多いことでしょう。データを整理する遺族の手間を減らしたいのであれば、普段から似たような写真はその都度削除し、ベストショットだけを残すことを習慣にするようにしましょう。

第4章

死後の手続きはどうする？

「死後事務委任契約」で事務作業をお願いしておく

家族を亡くした経験をお持ちの人なら、死後のさまざまな手続き（死後事務）がいかに煩雑かを実感されたことがあると思います。

死後の手続きは通常、家族が行いますが、家族がいない「おひとりさま」や、家族がいても疎遠だったり、折り合いが悪かったり、遠方に住んでいたり、高齢だったりして頼れない人や、事情があって家族の手を煩わせたくない人の死後の手続きは誰がするのでしょうか。

もし、死後の手続きをする人が誰もいなかったら、遺体の引き取り、火葬、埋葬は、亡くなった場所の市町村が行うこととされています。しかし、市町村はそれ以外のこと、例えば葬儀、部屋の片付け、遺品の処分、病院や介護施設の費用の精算などはしてくれません。

亡くなった人が賃貸住宅に住んでいたら、部屋の片付けや遺品の処分は貸主がしなければならなくなるかもしれません。また、入院・入所していた病院や介護施設は費用を回収できないかもしれません。

死後の手続きをする人がいないことによって、他人に迷惑をかけるだけでなく、賃貸住宅の貸主、施設などが身寄りのない人の入居をためらい、断るようになってしまったら、社会的な損失は計り知れません。

一人で生きて、なんでも一人でこなしてきた人でも、自分が旅立ったあとの手続きを自分ですることはできません。「おひとりさま」が立つ鳥跡を濁さずと思うなら、「死後事務委任契約」を結び、葬儀、火葬、埋葬をはじめ、亡くなったあとのさまざまな手続きについて、誰かに依頼しておくことが必要です。

亡くなったあとの手続きは、次頁の表のように実に多くの作業が待っています。

⑧納骨、散骨などの埋葬

あらかじめ本人と話して決めておいたとおり、家のお墓、納骨堂または合祀墓などへの埋葬か散骨を行います。

⑨病院の入院費用、介護施設の費用などの精算、退所手続き

⑩電気、ガス、水道、固定電話、携帯電話、インターネット、ＮＨＫ、新聞、各種会員などの停止・解約手続き

それぞれの営業所やコールセンターに連絡し、停止・解約手続きを行い、最終月の料金を精算します。電話、インターネット、郵送で解約できるケースもあれば、店舗に足を運ばなければならないケースもあります。

⑪国民健康保険、後期高齢者医療保険、介護保険などの手続き

それぞれ窓口で死亡の届出をし、保険証を返却します。

⑫年金の届出

年金事務所に死亡届を提出し、年金の振り込みを止めます。

⑬固定資産税、住民税等の納付

死亡時に未払いの税金がある場合は納付をします。

⑭遺品整理と部屋の片付け

専門の業者に依頼して自宅内の動産の整理、撤去作業を行います。

⑮賃貸住宅の場合、賃貸借契約の解約、部屋の明渡しと鍵の返却

大家さんや管理会社と連絡を取り、家賃の精算をして部屋を明け渡します。

死後の手続きでやることリスト

①死亡の連絡を受け、病院や介護施設に駆け付ける

あらかじめ病院や介護施設と調整し、受任者が本人死亡の連絡を受けることができるようにしておきます。

②遺体を搬送・安置する

病院では、亡くなったあと、何時間も遺体を安置してもらえるわけではありません。多くの場合、「数時間以内に遺体を引き取ってください」と言われます。そのため、遺体をどこに搬送するのかをあらかじめ決めておき、葬儀社に連絡して搬送してもらいます。病室に本人の私物があれば、それも引き取ります。

③死亡診断書の受領、死亡届の提出、火葬許可の申請、火葬許可証の受領

医師から死亡診断書を受け取ります。死亡診断書は死亡届と一緒に役所に提出します。あわせて火葬許可を申請し、火葬許可証を受領します（葬儀社が代行してくれる場合もあります）。

④葬儀の打合せ

葬儀をする場合は、すぐに葬儀社と葬儀の日程、方法などを打ち合わせます。あわせて火葬場の予約も取ります。どのような方法で葬儀を行うかは、あらかじめ本人と話し合って決めておきます。葬儀をせず、火葬だけを行う場合（いわゆる直葬）であっても、葬儀社に依頼します。

⑤親族、知人に連絡

あらかじめ亡くなったときに連絡してほしい親族、知人の連絡先を本人から聞いておき、亡くなったことや葬儀を行う場合の日程などを連絡します。

⑥通夜、葬儀、火葬への立ち会い

⑦埋葬許可証の受領

火葬場から埋葬許可証を受け取ります。埋葬許可証は遺骨を埋葬するときに必要になります。

「死後事務委任契約」は内容次第で費用がかさむ

死後事務には多くの手続きがありますが、死後事務を受任する人（受任者）が具体的に何をどの程度まで行ってくれるのかは、契約の内容によります。そのため、死後事務委任契約の締結にあたっては、受任者とよく話し合って、契約の内容を具体的に決めなければなりません。

後日、親族や知人からクレームが出たり、手続きを行う窓口でトラブルが生じたりしないように、契約の内容をできるだけ詳しく定めておく必要があります。

なお、死後事務委任契約も「契約」ですから、判断能力がしっかりしているうちに締結しておかなければなりません。

注意しなければならないのは費用です。

死後事務委任契約では、受任者に対する報酬だけではなく、葬儀社や遺品整理を行う業者に支払う費用を準備する必要があります。

一般的には、費用は依頼する内容によって増減するので、多くのことを依頼すればその分、費用はかさみます。

死後事務委任契約は、契約を締結してから実際に事務を行うまでにタイムラグが生じるため、無理のある契約内容にすると、今後の生活資金が足りなくなることがあります。無理のない範囲で契約内容を決めましょう。

後見人が
死後事務をできるようになった

成年後見人や任意後見人がついている人（故人）の死後事務はどうすればいいのでしょうか。

後見制度は、あくまで本人が生きている間の制度です。そのため、本人が死亡すると後見は終了し、それ以降は原則として後見人が業務をすることはできなくなります。

しかし、他方で後見人は、本人の死後も遺体の引き取り、火葬、納骨や、医療費の精算などの事務を行うことを期待されているという現実もあります。

①法定後見の場合

２０１６年10月、成年後見に関する法律が改正され、成年後見人は本人の死亡後も、一定範囲の死後事務を行えるようになりました。

例えば、本人の遺産である建物の窓ガラスが破損した場合など、急を要する財産の修繕や、本人の医療費、入院費、公共料金などの支払い、電気・ガス・水道などの契約の解約を成年後見人が行うことができます。

また、本人の遺体や遺骨を引き取る人がいない場合は、成年後見人が家庭裁判所の許可を得て火葬、埋葬に関する契約を締結することができます。本人の債務を支払うために預貯金を払い戻すこともできます。

ただし、成年後見人が葬儀を行うことは認められていません。

②任意後見の場合

任意後見に関しても、本人が死亡すると同時に任意後見契約は終了し、それ以降は原則として、業務ができなくなるのは法定後見と同じです。

しかし、本人と任意後見人は、任意後見契約を締結するにあたり、死後事務委任契約を同時に締結することができます。

これは任意後見契約の公正証書の中に、死後事務委任に関する条項を設けることによって可能になります。こうすることによって、本人の死後は、任意後見人が引き続き本人に関する死後事務を行うことができます。

死後事務をお願いする事業所選びには注意しよう

死後事務委任契約の受任者は、弁護士、司法書士、行政書士などの専門職のほか、一般社団法人、ＮＰＯ法人などが業務を行っています。

しかし、死後事務委任契約はまだ社会では一般的ではなく、担い手はまだ少数です。死後事務委任契約を締結したいと思ったら、インターネットなどで情報収集するほか、地域包括支援センターで相談してみるといいでしょう。

また、死後事務委任契約は、契約を締結してから実際に事務を行うまでにタイムラグが生じます。死後事務を委任した団体が経営破綻するおそれも皆無ではないので、団体の経営状況を確認しておく必要があります。また、専門職などの個人に委任する場合は、自分よりも委任した相手が先に死んでしまうこともあり得ます。

そのため、自分よりも年齢がかなり若い人に委任したり、複数の人に共同受任してもらったりするといいでしょう。

死後事務をお願いするところは、大切な人生の締めくくりを託す相手です。そして、受任者が死後事務を遂行するのは、自分がこの世を旅立ったあとですから、自分がそれを見届けることはできません。だからこそ信頼できる人、自分をよく理解してくれる人にお願いすることが大切です。

コラム4――「墓じまい」の死後事務

自分が亡くなったあと、継承者のいない先祖のお墓をどうしようかと悩んでいる人が増えています。元気なうちに墓じまいをしなければならないとは思っていても、「自分が生きている間はお墓参りをしたい」「自分も家族と一緒のお墓に入りたい」などと思い、なかなか踏ん切りがつかないという人はいると思います。

本人が亡くなったあとの墓じまいは、事業者と死後事務委任契約を締結して依頼することができます。事業者によっては、本人が亡くなったあと、本人の遺骨を埋葬して一定期間墓守りをしたうえで、指定の期間経過後に永代供養墓等に改葬して墓じまいをするサービスもあります。

このようなサービスを利用すれば、一定期間であっても家族と一緒のお墓に入るという願いをかなえることができます（ただし、このような対応が可能になるかどうかは、契約前に墓地・霊園の管理規約をよく確認してください）。

本当は誰かにお墓を継承してほしいなら、思い切って親族などに相談してみるのもいいと思います。

お墓は必ずしもその家の長男が引き継がなければならないという決まりはありません。結婚して姓が変わった女性などの親族や、ご縁のある他人が墓守りを担うケースもあります（使用規則などで権利承継者の範囲を限定している墓地・霊園もあります）。

親族や知人に一定期間墓守りをしてもらって、後日、永代供養墓等に改葬してもらうようにお願いする例もあります。

付録

相続関係図を書いてみよう

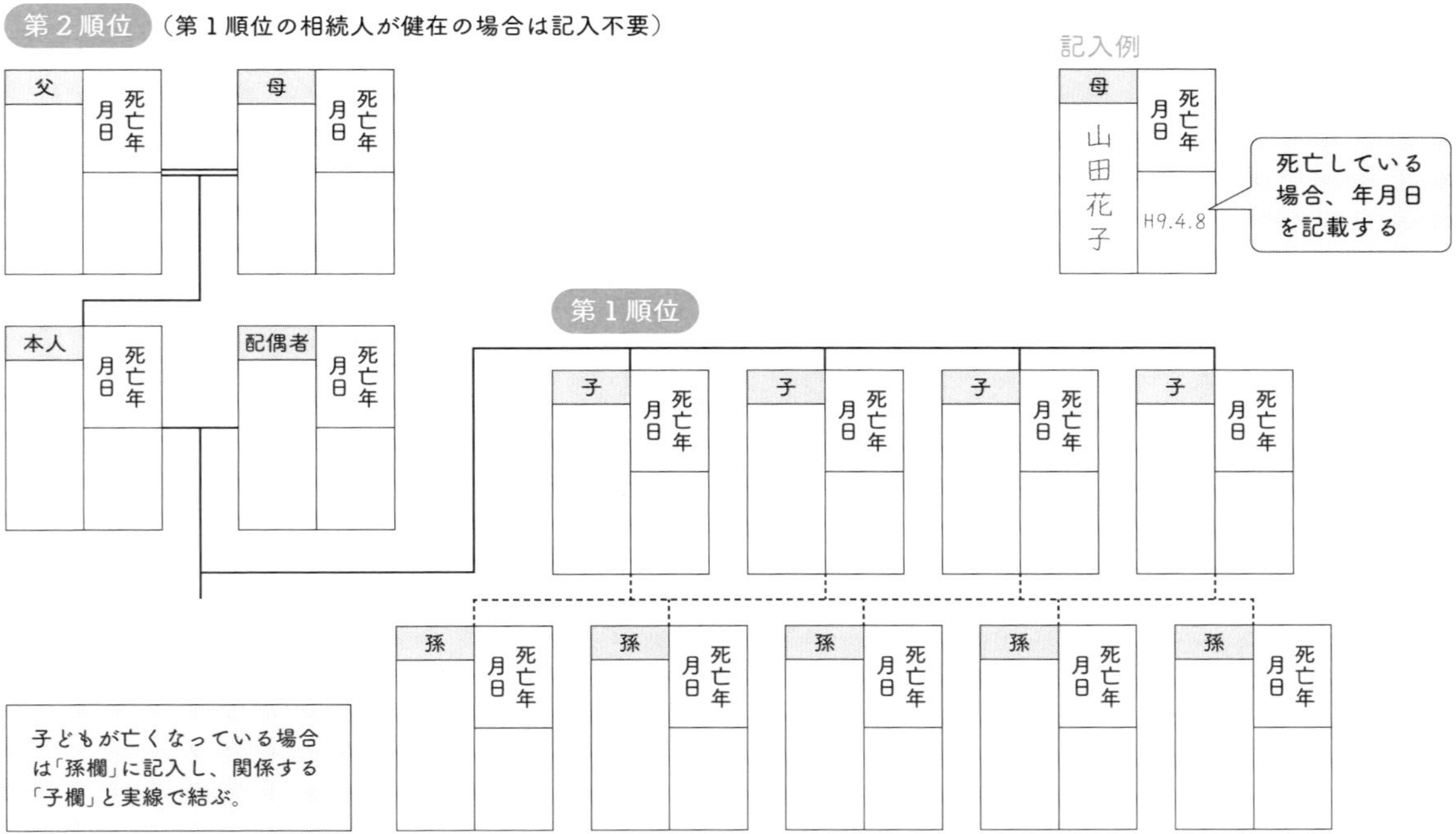

第3順位（第1順位・第2順位の相続人が健在の場合は記入不要）

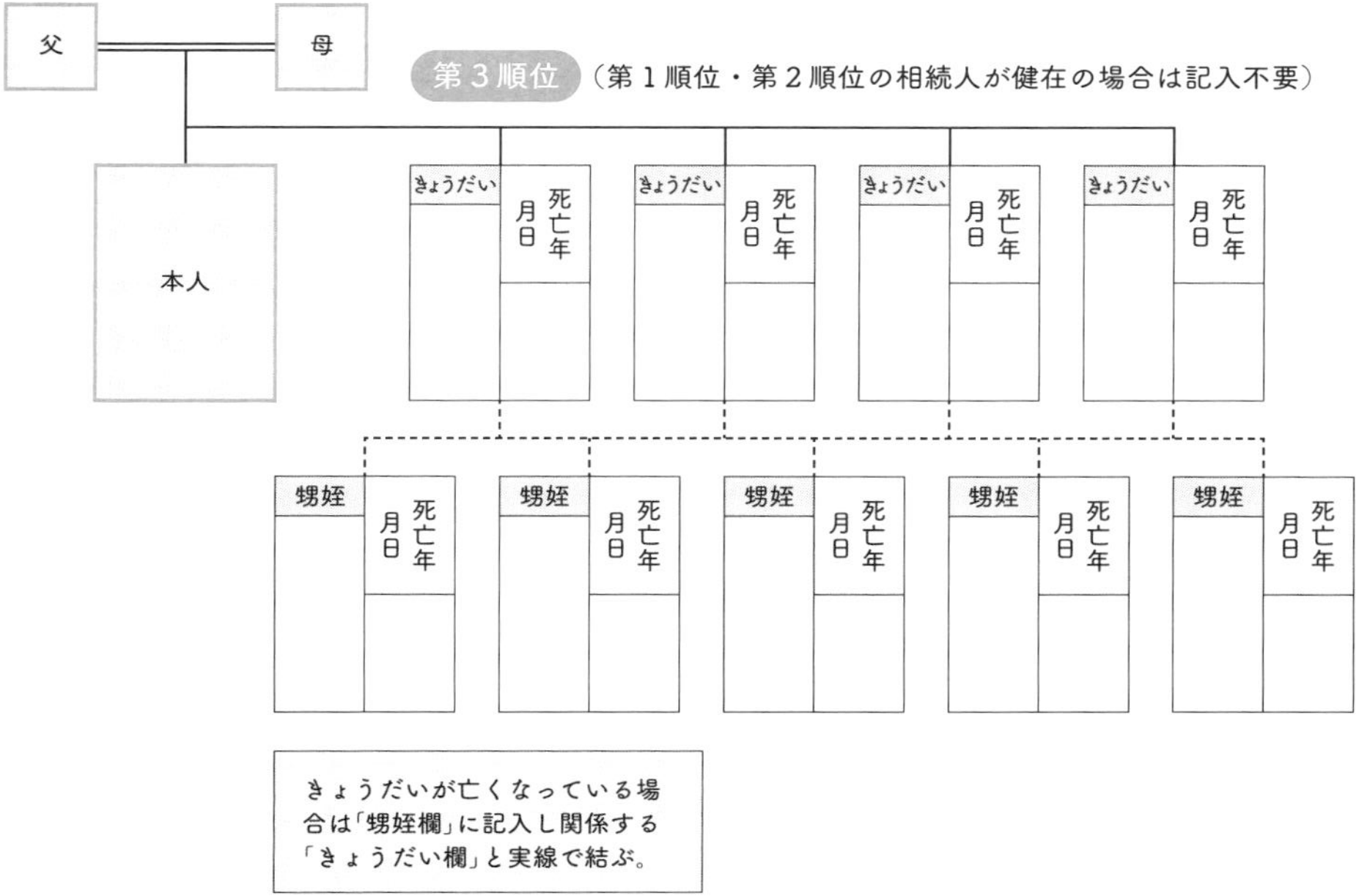

自筆証書遺言の例

全文を手書きする

遺言書

遺言者 甲野 太郎は、次のとおり遺言する。

第1条　遺言者は、次の不動産を妻 甲野 花子に相続させる。

所　　在　東京都○○区○○町○丁目~~○番地○~~（甲野）
地　　番　○番○
地　　目　宅地
地　　積　○○．○○平方メートル

所　　在　東京都○○区○○町○丁目○番地○
家屋番号　○番○
種　　類　居宅
構　　造　木造スレート葺2階建
床面積　　1階　○○平方メートル
　　　　　2階　○○平方メートル

第2条　遺言者は、次の預貯金を長男 甲野 次郎に相続させる。

○○銀行　○○支店　普通預金　口座番号1234567
ゆうちょ銀行　通常貯金　記号~~12345~~（甲野）番号12345678
56789

第3条　遺言者は、第1条及び第2条に記載する財産を除く一切の財産を、妻 甲野 花子に相続させる。

第4条　遺言者は、本遺言の遺言執行者として、次の者を指定する。
住　　所　東京都○○区○○町○丁目○番地（甲野）
職　　業　弁護士
氏　　名　○○ ○○
生年月日　昭和○○年○月○日

令和3年○月○日
住所 東京都○○区○○町○丁目○番地○
氏名 甲野 太郎（甲野）

本遺言書第1条2行目「○番地○」の4字を削除した。 甲野 太郎
本遺言書第2条3行目「12345」を「56789」に訂正した。 甲野 太郎
本遺言書第4条2行目第15字の次に「○番地」の3字を加入した。 甲野 太郎

署名する

財産目録の例

財産目録

財産目録はパソコンで作成しても可

第１　土地

番号	所在	地番	地目	地積	備考
1	○○区○○町○丁目	○番○	宅地	○○．○○㎡	

第２　建物

番号	所在	家屋番号	種類	構造	床面積	備考
1	○○区○○町 ○丁目○番地○	○番○	居宅	木造スレート葺 ２階建	１階○○㎡ ２階○○㎡	敷地は 土地１

第３　預貯金

番号	品目	金額
1	○○銀行○○支店 普通預金　口座番号１０７３７１	○○○×××円 （令和３年○月○日現在）
2	ゆうちょ銀行　通常貯金 記号５６７８９番号１２３４５６７８	○○○×××円 （令和３年○月○日現在）
	合計	○○○×××円

第４　有価証券等

番号	品目	金額	備考
1	○○信用金庫出資証券 第○○○○号	○○○○○○円	
2	○○株式会社　株式 普通株式　1000株	○○○○○○円	
	合計	○○○○○○円	

第５　債務

番号	債権者または内容	金額
1	住宅ローン　○○銀行	○○○○○○○円
	合計	○○○○○○○円

甲野　太郎　（甲野）

署名押印する（財産目録が複数頁にわたるときは各頁に必要）

おわりに

２０２０年は、新型コロナウイルスの感染拡大に伴い、予測できなかったような社会の変化がありました。世界中で多くの人が亡くなっている事態に、人の命や死についてこれまで以上に考え、感じた人も少なくなかったと思います。また、病院や介護施設で面会が制限されたり、帰省して家族に会うこともままならなかったりしたなどのことから、人とのふれあいや、家族の絆について考えさせられることも多くありました。

この本は、「終活の必要性を感じているのだけれども、何から始めたらいいのかわからない」という地域住民の方の声に応えて行っていた終活セミナーの内容をまとめたものです。私は仕事柄、「家族や他人に迷惑をかけたくない」という声を聞くことが多くあります。そう思う人々の背景にはそれぞれ事情がありますが、総じてそう思っている方は人への思いやりが一段と深い人たちであると感じています。しかし、人は誰にも迷惑をかけずに、生きることも死ぬこともできないものです。家族、親族というご縁があって生まれてきた人たちに対してはとくにそうです。本のタイトルとは反対のことを言っているようですが、２０２０年にあった多くの出来事を通して、私が今、正直に思っているところです。

最後になりますが、私の拙い原稿に辛抱強く校正してくださった株式会社ＷＡＶＥ出版の堂坂美帆さん、執筆にあたりご意見や情報を提供してくださった友人・知人の皆様、そしてその生き様や死を通して私にさまざまなことを教えてくださった依頼者やその関係者の皆様に感謝申し上げて筆をおくことにします。

２０２０年の大晦日に　海老原　佐江子

海老原佐江子（えびはら・さえこ）

弁護士（東京弁護士会）・終活カウンセラー1級。

京都大学文学部卒業。横浜市役所に入庁したのち、弁護士を目指すため東京大学法科大学院入学・修了。都内法律事務所にて実務経験を積み、特別区初の任期付弁護士として葛飾区役所に入庁し、自治体が関わるさまざまな法的問題に取り組む。

父親を看取った経験を機に、終活カウンセラー（一般社団法人終活カウンセラー協会）の資格を取得。現在は東京都大田区の城南かがやき法律事務所において、終活・相続問題を含む多様な相談に応じている。

家族に迷惑をかけたくないあなたが
認知症になる前に準備しておきたいこと

2021年2月11日　第1版第1刷発行

著者　　海老原佐江子
発行所　　WAVE出版
〒102-0074　東京都千代田区九段南3-9-12
TEL　03-3261-3713　FAX03-3261-3823
振替　00100-7-366376
Email：info@wave-publishers.co.jp
https://www.wave-publishers.co.jp
印刷・製本　中央精版印刷株式会社

NDC 367 191P 19cm ISBN 978-4-86621-329-3